# パラリンピックの楽しみ方

## ルールから知られざる歴史まで

## まえがき

「パラリンピック」という名前はもちろん聞いたことはあるし、それがどんなものなのか興味はあるけれど、なかなか詳しいことは分からない。そんな方が多いのではないでしょうか？　この本は、こうした方向けに、パラリンピックの各種競技のルールや見どころはもちろん、パラリンピックの歴史や興味深いエピソードなどを紹介した、いわばパラリンピックの入門書です。

私は、大学で障害者スポーツに関する研究を続けるかたわら、「オリンピック・パラリンピック教育に関する有識者会議」委員として、来たる２０２０年東京パラリンピックを成功に導くため、また、障害者とスポーツのより良い関係を築くため、様々な提言を行っています。私のこうした経験を踏まえて、パラリンピックや障害者スポーツについて、読者のみなさんにもっと理解を深めてもらいたいとの願いを込めて、本書を執筆しました。

本書はまず、わが国における障害者スポーツの大きな転機となった、１９６４年東京パラリンピックを紹介するところから始まります。東京パラリンピック実現にあたっては、多くの先人たちの努力がありました。こうした先人たちの足跡を振り返りつつ、大会の様子や、興味深いエピソードなどを紹介します。

続いて、近年のパラリンピックや障害者スポーツをめぐる状況の変化について紹介します。国の施策としても、人々の意識のうえでも、障害者スポーツはもはや「リハビリ」の一環としてのものではなく、「スポーツ」そのものへと変化を遂げた、そのダイナミックな動きは、みなさんの関心を引き寄せることでしょう。

次に、パラリンピック各種競技のルールや見どころなどを解説します。すでになくなってしまった競技や、これから採用が期待される競技なども紹介していますので、合わせて楽しんでいただきたいところです。

そして、パラリンピック選手の驚くべき記録や、ドーピング問題など、パラリンピックの知られざる世界をご案内したあと、２０２０年東京パラリンピックの予想図と、その後の展望についてご紹介します。

さあ、魅力あふれるパラリンピックの世界へようこそ。あなたを心から歓迎します。

目次

# 第１章　１９６４年東京パラリンピック

## 東京パラリンピック開催までの道のり

### ストーク・マンデビル病院とグットマン博士

わが国の人々が初めて本格的に障害者スポーツというものの存在を知ったのは、1964年（昭和39年）の東京オリンピックと同じ年に開催された東京パラリンピックです。パラリンピックとは、両下肢麻痺（まひ）を意味するパラプレジアとオリンピックを組み合わせた造語ですが、まさに東京大会からこの言葉が使われるようになったといわれています。

本章では、わが国における障害者スポーツのエポックとなった1964年の東京パラリンピックを振り返ろうと思いますが、まずはそれ以前の障害者スポーツの歴史を簡単に見ていくことにしましょう。

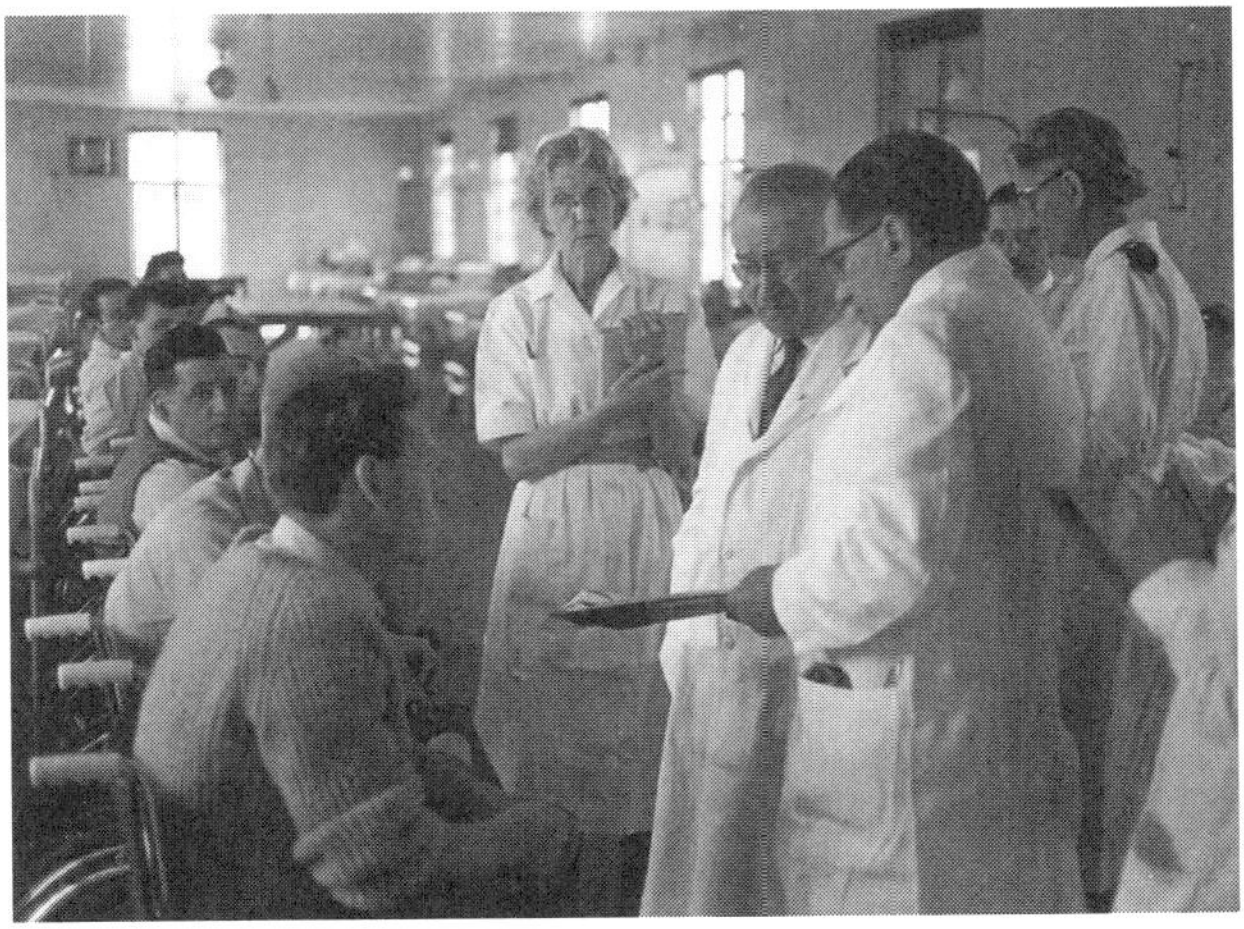

ストーク・マンデビル病院内で回診するグッドマン博士（中央）

そこでぜひ覚えていただきたいのが、「ストーク・マンデビル病院」というイギリス・ロンドンの北にある病院と、そこの院長であったルードヴィッヒ・グットマン博士の存在です。グットマン博士は「パラリンピックの父」と呼ばれる方で、ストーク・マンデビルという病院の名前は、かつてはパラリンピックと同義語でした。

グットマン博士はドイツ生まれで脊髄損傷治療の専門家でしたが、両親がユダヤ人だったためにヒトラーの迫害を逃れ、イギリスに渡ります。そしてオックスフォード大学で講師に迎えられますが、やがて作られた脊髄損傷の専門病院「ストーク・マンデビル病院」の院長に就任します。

この病院には第二次世界大戦で傷ついた兵士たちが多数送られてきましたが、脊髄損傷は完治することが難しく、治療の主体はリハビリテーションに向けられました。車いすでの生活に適応させることにより、社会復帰を促したのです。

ここでグットマン博士はユニークなリハビリテーションの方法を導入しました。それは、リハビリテーションの手段にスポーツを取り入れることにより、その効果を高めるというものでした。これは劇的な結果を生みました。それまで脊髄損傷により下肢が麻痺した患者は、なかなかリハビリの効果が出ずに、いつまでも病院生活を送るケースが多かったのですが、スポーツをリハビリに取り入れてからというもの、85%もの患者が、半年以内に社会復帰するようになったのです。

リハビリというものは毎日先の見えない坂道を登らされるような苦痛があり、途中で挫折(ざせつ)してしまいがちです。ところがスポーツになると、「あいつに勝ちたい」「昨日よりもっと成長したい」という気持ちを伴うために、モチベーションが維持しやすいのです。

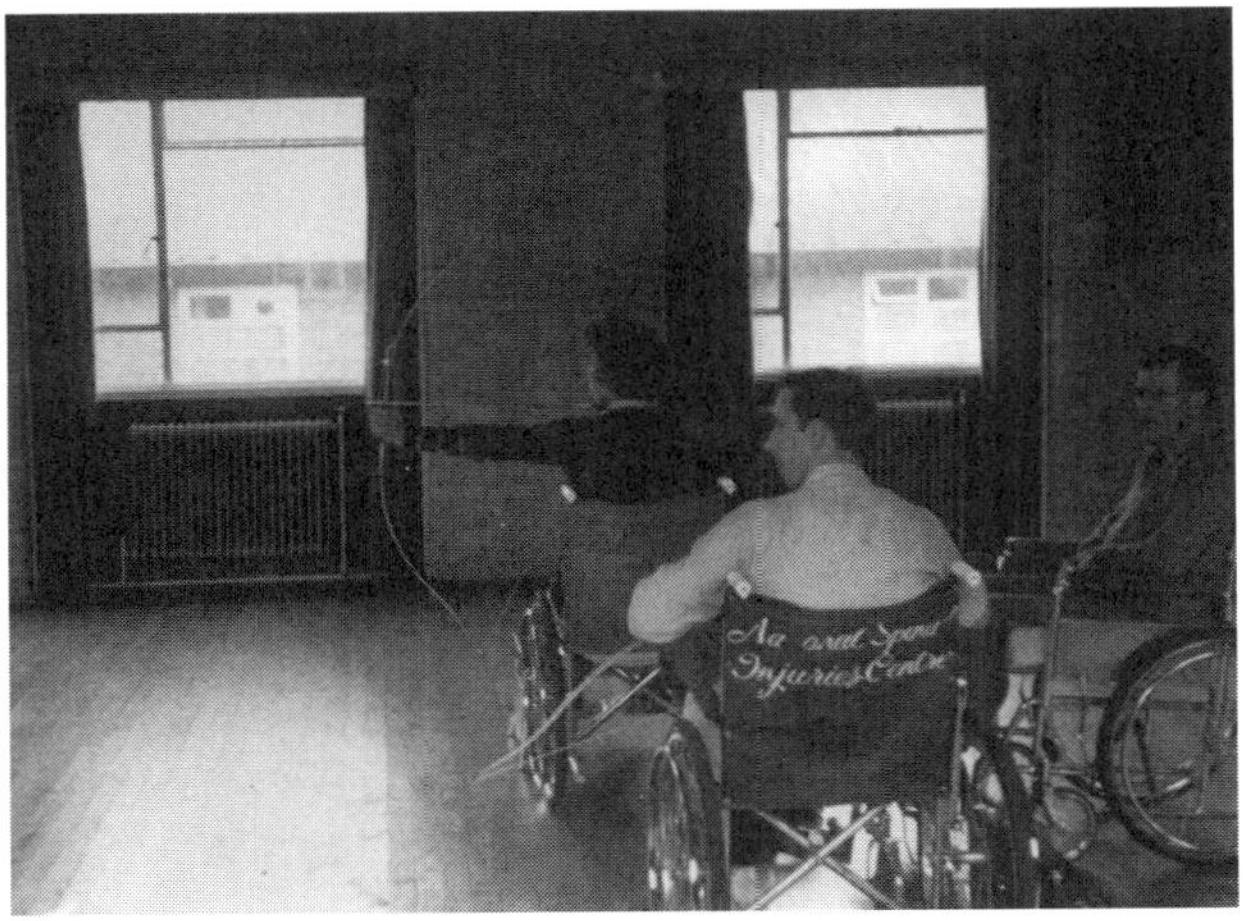

ストーク・マンデビル病院内で開かれた競技会の様子（1948年）

この効果をさらに高めようと、グットマン博士は1948年にストーク・マンデビル病院内で競技会（ストーク・マンデビル大会）を開きました。このときはイギリスからの参加者のみでしたが、1952年に開いた大会では、イギリスに加え、オランダからの参加者を受け入れたため、脊髄損傷者だけという限定はあったものの、国際的な障害者スポーツ大会となりました。

この大会は毎年7月に開かれるようになりましたが、1960年、ローマオリンピックのときにタイミングを合わせ、全世界から多数の参加者を集めた大会を開くことになりました。これが第1回のパラリンピックです。このときには世界23カ国から400名の参加者が集まりました。

この年から、オリンピックイヤーに開かれるストーク・マンデビル大会は、可能な限りオリンピック開催国で開くようになりました。また、1989年に国際パラリンピック委員会（IPC）が設立された後に、オリンピックイヤーに開催したストーク・マンデビル大会をパラリンピックと呼ぶことになり、「もう一つのオリンピック」と理解されるようになりました。

## 日本における身障者スポーツの歴史

ローマオリンピックの4年後、東京オリンピックに合わせて東京パラリンピックが開催されるわけですが、それまで日本に障害者のスポーツ大会がまったくなかったかというと、そんなことはありません。1918年（大正7年）には日本ろうあ協会東京支部の東京野球大会が開かれ、1926年（大正15年）には日本ろうあ協会主催の第1回ろうあ者体育競技大会が開催されています。また1925年（大正14年）に

「点字毎日」が主体となって開催した全国盲学生体育大会は、１９２８年（昭和３年）に設立された全日本盲学校体育連盟に引き継がれました。

これでわかるように、日本では聴覚障害者と視覚障害者のスポーツ大会が早くから実施されています。それは、それぞれの障害を統括する組織が早くから作られ、それを母体として運営されたことや、どちらの障害も身体を動かすこと自体に大きな支障がなかったことが背景として存在していたと考えられます。

他の身体障害者が出場できる大会としては、地方公共団体によって開催されたものがありました。たとえば１９５１年（昭和26年）には東京都で身体障害者のスポーツ大会が行われ、翌１９５２年（昭和27年）には埼玉県で、さらに１９５８年（昭和33年）には長野県で大会が開かれています。

しかしながら、これらの地方大会には確立されたルールがなく、いきなり全国レベルに拡大できるというものではありませんでした。それが変わったのは、ストーク・マンデビル大会やローマパラリンピックなどを視察した日本人の活動があったからです。

# 東京パラリンピックに向けて奔走した日本人

日本の障害者スポーツの歴史において、1961年（昭和36年）というのは一つの節目です。この年に「身体障害者スポーツ振興会」が発足し、一方、大分県では身体障害者スポーツの国際的なルールに則った初めての国内大会である「身体障害者体育大会」が開催されたからです。

「身体障害者スポーツ振興会」という団体は、身体障害者関係24団体が中心となって作られたものです。この団体が結成された発端は、世界歴戦者連盟という退役軍人の世界組織から日本支部に身体障害者スポーツに関する資料が提供されたことでした。資料を受け取った日本の理事は沖野亦男（おきのまたお）氏。戦傷で片足を失った元海軍大佐です。

沖野氏は国立身体障害者更生指導所長の稗田正虎（ひえだまさとら）氏とともに、この資料を元にして『身体障害者スポーツ』と題したB5判157ページの冊子を作成し、関係各方面に配布しました。その後、沖野氏はパリで開催された世界歴戦者連盟の総会でグットマ

身体障害者体育大会（1961年開催）

ン博士と面談し、帰国してから帰朝報告会を開きます。こうした動きが実を結び、「身体障害者スポーツ振興会」が結成されました。

ただし、せっかく結成された身体障害者スポーツ振興会ですが、身障者を一つに結集して活動するという目的は定められたものの、なかなか実質的な活動に入ることができずにいました。そこに大きな刺激を与えたのが、大分県で行われた「身体障害者体育大会」です。

前述したように、この大会はそれまで日本各地で開かれていた身体障害者スポーツ大会とは決定的に違っていました。日本で初めて、国際的なルールを導入して開催された大会だったからです。それまでの大会が、どちらかといえば運動会的なものであったのに対して、この大会は今日のパラリンピックに近いものでした。

この大会の開催に向けて尽力したのは、国立別府病院の医師・中村裕氏と、元文部省体育官で大分県の厚生部長であった平田準氏でした。中村医師は1959年（昭和34年）からイギリスの国立脊髄損傷センターに留学し、グットマン博士の門下生としてスポーツがリハビリに及ぼす効果を目の当たりにしていました。ローマパラリンピックの成功を見た中村医師は、4年後の東京パラリンピック実現に向けて情熱を燃やします。その最初のステップが、大分県の「身体障害者体育大会」だったのです。翌1962年（昭和37年）には岡山県で、同様の大会が開かれました。

そして同年、初の海外への選手派遣が実現します。イギリスで行われた第11回ストーク・マンデビル大会に、大分県から2名の車いす選手が出場したのです。選手たちと役員は帰国後、当時の池田勇人首相に面会し、マスコミや行政の注目を浴びました。ここから、東京パラリンピック実現の可能性が濃厚になってきたのでした。

第11回ストーク・マンデビル大会

大会に出場した日本人選手（２名）と中村裕氏

## 身障者スポーツの派閥争い

1963年（昭和38年）、東京パラリンピック開催に向けての受け皿となる「国際身体障害者スポーツ大会運営委員会」が発足します。この組織は実質的な障害者スポーツ関連組織として国内最初のものでした。

もともと東京パラリンピック開催については、まず国内の障害者スポーツ振興を図り、その結果を見て国際大会を引き受けるかどうかを決めるというシナリオでした。しかし、決断までの時間が少なく、むしろ多少強引にでも国際大会を開催することに決定してしまい、それを受けて国内の体制を固めるほうが早道であるという結論に達しました。

しかし、ストーク・マンデビル大会も、ローマでの第1回パラリンピックも、身障者といってもその中のごく一部である脊髄損傷者で車いすを使用している人だけによる大会でした。このころ、世界の身障者スポーツ界は、グットマン博士を中心とする車いす使用者だけのストーク・マンデビル派と、西ドイツのブリンクマン氏やローレンチェン教授を中心とする「すべての身障者を含むべき」と主張する西独派の二派に分かれていました。

果たして東京パラリンピックはどちらの方針で行くべきか、関係者は悩みましたが、国際身体障害者スポーツ大会運営委員会の葛西嘉資（かさいよしすけ）会長は西独派を選択するという大英断を下しました。その背景にあったのは、厚生省や他の障害者関連団体の協力が得やすいこと、資金提供をはじめとする協力を申し出てくれたライオンズクラブの協力条件に「すべての障害者を対象とする大会であること」があったことなどです。

ただし、数多くの国際大会を経ているストーク・マンデビル派と違い、西独派の国際大会はまだ歴史が浅く、ルールなども競技ごとにまちまちでした。そこで東京パラリンピックを二部構成で行うこととし、第一部を国際ストーク・マンデビル大会に、第二部を国内向け（西ドイツからの招待選手も参加）の身体障害者スポーツ大会とすることに決定しました。

大会期日は1964年（昭和39年）11月8日から14日までで、第一部が11月8日から12日、第二部が13日と14日になりました。参加者の数は、第一部が、選手378名、役員189名の合計567名（うち、日本人選手は53名）。第二部が、選手481名、役員111名の合計592名（うち、西ドイツからの参加選手は6名）となりました。

## 東京パラリンピック開催

### 開会式の様子

１９６４年（昭和39年）11月8日午前10時、素晴らしい秋晴れのもとで東京パラリンピックが開催されました。代々木オリンピック選手村内の織田グランド（通称「織田フィールド」）で行われた開会式には、大会名誉総裁の皇太子殿下、同妃殿下（現在の今上天皇・皇后両陛下）をお迎えし、世界22カ国５６０名余りの役員、選手および日本の選手団が参加しました。

最初に黄色いユニフォームに身を包んだ全日本バトン鼓笛連盟の小中学生１００名が、太鼓のリズムをバックに行進。続いて陸上自衛隊の音楽隊がマーチを演奏しながら行進し、いよいよ選手団の入場です。

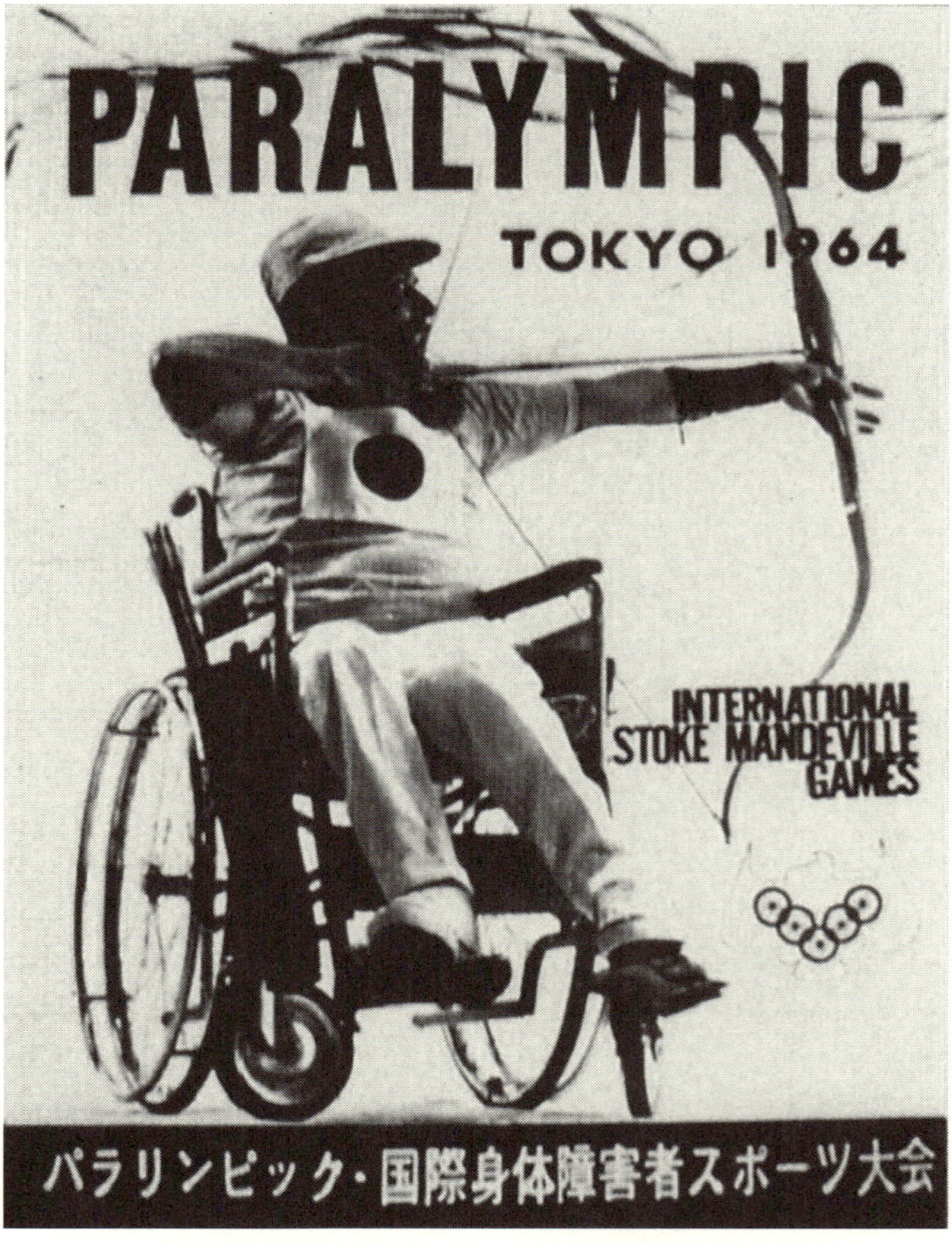


1964年東京パラリンピックのポスター

先頭は、黒いブレザーコートを着た大会技術顧問のチャーリー・アトキンソン氏。赤と緑地に地球を車いすの輪で取り巻いたストーク・マンデビル旗がそれに続きます。選手団のトップは、国際障害者スポーツ大会発祥の地であるイギリス代表103名。以下、アルゼンチン、オーストラリアとアルファベット順に入場してきます。ザッザッと歩みを進めるオリンピックとは異なり、車いすの選手ばかりなので滑るように行進していくのが特徴です。14番目の入場国は、次期開催予定国であるメキシコ。選手はおらず、役員3名だけの行進でした。そして最後が開催国日本。行進曲が「上を向いて歩こう」に変わり、えび茶色のトレーニングシャツを着た選手団53名が入場します。トラックを半周した選手たちは、フィールド正面のロイヤルボックスに向かって整列し、国旗、ストーク・マンデビル旗、大会旗掲揚の後、開会宣言、葛西大会会長挨拶、この競技の生みの親であるグットマン博士の挨拶、名誉総裁である皇太子殿下のおことばが続きます。

選手宣誓は、国立箱根療養所の青野繁夫選手。右手を挙げての宣誓と同時に500羽の鳩が放たれて、大会を祝福しました。

選手宣誓をする青野繁夫氏(右)と中村裕氏

仮設スタンドは一般観衆4000人で埋めつくされ、身体上の障害を乗り越えて訓練の成果を競い合おうとする選手たちに心からの声援を送っていました。

# 競技日程と開催競技

## 【第一部　国際大会】

●11月8日(日曜日)
午前の部
10:00　開会式
名誉総裁 皇太子殿下・同妃殿下ご来場
選手入場行進
国旗・大会旗掲揚
葛西嘉資会長あいさつ
グットマン博士あいさつ
祝辞(厚生大臣・東京都知事)
名誉総裁おことば
選手宣誓
名誉総裁　選手ご激励
アトラクション
午後の部
14:00　ダーチャリー
14:45　槍正確投げ
15:45　5種競技(フィールド競技)
夜間の部
19:00　フェンシング　重量挙げ　卓球

●11月9日(月曜日)
午前の部
9:00　槍投げ　砲丸投げ　円盤投げ
棍棒投げ　卓球　フェンシング
午後の部
13:30　槍投げ　砲丸投げ　円盤投げ
棍棒投げ　卓球　フェンシング
スヌーカー(玉つき)　バスケットボール
15:30　5種競技(洋弓)
17:15　表彰式
夜間の部
19:00　重量挙げ　フェンシング　水泳
21:00　5種競技(水泳)

●11月10日(火曜日)
午前の部
9:00　卓球　スヌーカー
フェンシング　バスケットボール　洋弓
午後の部
13:30　卓球　スヌーカー
バスケットボール　洋弓
17:15　表彰式
夜間の部
19:00　卓球　水泳

●11月11日(水曜日)
午前の部
9:00　卓球　スヌーカー　フェンシング
バスケットボール　洋弓
10:00　車いす競争
11:00　車いすリレー
午後の部
13:30　卓球　スヌーカー　フェンシング
バスケットボール　洋弓
17:15　表彰式
夜間の部
19:00　重量挙げ　フェンシング　卓球

●11月12日(木曜日)
午前の部
9:00　卓球　スヌーカー　フェンシング
洋弓　バスケットボール
10:00　車いす競争
11:00　車いすリレー
午後の部
13:30　卓球　バスケットボール　洋弓
14:00　フェンシング
14:30　車いす競争
14:50　車いすリレー
15:00　スヌーカー
15:30　車いすスラローム
16:00　バスケットボール
17:00　閉会式
名誉総裁 皇太子殿下・妃殿下ご来場
各国旗入場
妃殿下からトロフィー授与
葛西嘉資会長あいさつ
グットマン博士あいさつ
国旗・大会旗降納
次期開催予定国メキシコ紹介
選手団退場

出所:「国際身体障害者スポーツ競技会　東京パラリンピック大会　報告書」(財)国際身体障害者スポーツ大会運営委員会

# 競技日程と開催競技

## 【第二部　国内大会】

**●11月13日(金曜日)**

**午前の部**

9:00　**開会式**
名誉総裁 皇太子殿下・妃殿下ご来場
選手入場
国旗掲揚
会長あいさつ
祝辞(厚生大臣・東京都知事)
名誉総裁おことば
選手宣誓
名誉総裁　選手ご激励

11:00　100m競走(肢体不自由・男)
三段跳び(視力障害・男)
走り高跳び(視力障害・男)
砲丸投げ(聴力障害・男・女)
11:15　60m競走(肢体不自由・女)
11:20　100m障害競走(肢体切断・機能障害・男)

**午後の部**

13:00　走り高跳び(肢体不自由・男)
立ち幅跳び(肢体不自由・男・女)
走り幅跳び(肢体不自由・男・女)
ソフトボール投げ(視力障害・男)
砲丸投げ(視力障害・男・女)
卓球(聴力障害・男・女)
13:10　卓球(視力障害・男)
13:50　ハンドボール投げ(視力障害・女)
14:00　100m競走(視力障害・男・女)
14:10　1500m競走(聴力障害・男)
15:00　棍棒投げ(肢体不自由・男・女)
砲丸投げ(肢体不自由・男・女)
槍正確投げ(肢体不自由・男・女)
立ち幅跳び(視力障害・男・女)

**夜の部(水泳)**

18:00　100m自由形(聴力障害・男)
18:15　50m自由形(肢体不自由・男)
18:35　50m自由形(肢体不自由・女)
18:40　100m平泳ぎ(聴力障害・男)
18:45　50m平泳ぎ(肢体不自由・男)
18:55　100m背泳ぎ(聴力障害・男)
19:00　50m背泳ぎ(肢体不自由・男)
19:05　50m背泳ぎ・平泳ぎ(聴力障害・女)
19:20　45m自由形(視力障害・男)
19:40　25m自由形(肢体不自由・男)
19:55　25m平泳ぎ(肢体不自由・男)
20:05　25m背泳ぎ(肢体不自由・男)
20:10　25m自由形・背泳ぎ(肢体不自由・女)
20:15　25m自由形(視力障害・女)

---

**●11月14日(土曜日)**

**午前の部**

9:00　100m競走(肢体不自由・男)
洋弓(肢体不自由・男)
走り幅跳び(聴力障害・男・女)
9:15　60m競走(肢体不自由・女)
10:00　棍棒投げ(肢体不自由・男)
車いすスラローム(肢体不自由・男)
槍正確投げ(肢体不自由・男)
砲丸投げ(肢体不自由・男)
走り幅跳び(視力障害・男・女)
11:00　立ち幅跳び(肢体不自由・男・女)
走り幅跳び(肢体不自由・男・女)
立ち幅跳び(肢体不自由・男・女)
走り幅跳び(肢体不自由・男・女)
100m円周走(視力障害・男・女)
1500m競走(聴力障害・男)
11:30　5000m競走(視力障害・男)

**午後の部**

13:00　卓球(肢体不自由・男・女)
400m競走(聴力障害・男)
13:10　200m競走(聴力障害・男・女)
13:15　100m競走(聴力障害・男・女)
14:00　走り高跳び(聴力障害・男・女)
14:50　三段跳び(聴力障害・男)
17:00　**閉会式**
名誉総裁 皇太子殿下・妃殿下ご来場
各都道府県旗入場
あいさつ
国旗降納

出所：「国際身体障害者スポーツ競技会　東京パラリンピック大会　報告書」(財)国際身体障害者スポーツ大会運営委員会

## 各国のメダル獲得数

| | | | |
|---|---|---|---|
| アメリカ | 金50 | 銀41 | 銅31 |
| イギリス | 金18 | 銀23 | 銅19 |
| イタリア | 金14 | 銀15 | 銅24 |
| オーストラリア | 金11 | 銀11 | 銅8 |
| 南ローデシア | 金10 | 銀5 | 銅2 |
| 南アフリカ | 金8 | 銀8 | 銅3 |
| イスラエル | 金7 | 銀3 | 銅10 |
| アルゼンチン | 金6 | 銀15 | 銅16 |
| ドイツ | 金5 | 銀2 | 銅5 |
| オランダ | 金4 | 銀6 | 銅3 |
| フランス | 金4 | 銀2 | 銅4 |
| オーストリア | 金4 | 銀1 | 銅4 |
| 日本 | 金1 | 銀5 | 銅3 |

## 東京パラリンピックの6会場

第1会場　代々木オリンピック選手村内織田グランド
第2会場　国立屋内総合競技場本館
第3会場　国立屋内総合競技場別館
第4会場　別館付属仮設バスケットボール・コート
第5会場　選手村内原宿ゲート付近広場（洋弓場）
第6会場　東京体育館屋内水泳場

表：「国際身体障害者スポーツ競技会　東京パラリンピック大会　報告書」などを参考に編集部作成

東京パラリンピック（1964年）で行われた洋弓の様子

## 当時のエピソード

東京パラリンピックは、日本で初めて行われた国際障害者スポーツ大会だっただけに、さまざまな忘れがたいエピソードを残しました。たとえば東京パラリンピックの運営資金は総額約1億円でしたが、厚生省の助成金2000万円、東京都の助成金1000万円を除くと、ライオンズクラブから1000万円、日本自動車工業会から1700万円（リフト付きバス9台の製作費）など、民間からの寄付でほとんどがまかなわれました。

特に目を引くのが、日本バーテンダー協会からの寄付360万円です。障害者と酒場がどう結びつくのかと思いますが、これは同協会が創立36周年の記念事業として協力を決めたために実現したものです。全国のバーやキャバレー合計1万軒に募金箱が置かれ、パラリンピックの関係者は毎晩のように酒場を回ってホステスさんやお客さんにパラリンピックの意義を説いては寄付をお願いしたといいます。

また、第二部の国内大会に出場する約500人の選手選出にあたっては、初めての試みのために参加を希望する選手だけでは足らず、各都道府県、指定都市における身体障害者手帳交付台帳登載数に従って選手を割り当てました。たとえば手帳登載数が4万人以上の地域からは18人の選手を出す必要がありました。

とにかく東京パラリンピックは何もかもが初めてづくしの大会でしたが、日本人の障害者のみならず、健常者に与えたインパクトは絶大でした。それまで、ともすれば家に引っ込みがちだった障害者が、「選手村を車いすでぶらぶらしているときが一番コンプレックスを感じなかった」という感想を持つに至ったのです。

海外からやってきた選手たちは、とにかく明るく陽気で、障害を持っていることの暗さは微塵もなく、純粋にスポーツを楽しんでいました。それまで日本国内には「障害者を見せ物にするな」といった反対意見が根強くありましたが、そうした考え方を変えるきっかけとなったのが東京パラリンピックだったのです。

## 東京パラリンピックのレガシー

### 日本身体障害者スポーツ協会の発足

東京パラリンピックが成功裏に終了したことで、日本にはレガシー（遺産）とも呼ぶべき貴重なものが残されました。その一つが、日本身体障害者スポーツ協会の発足です。

１９６５年（昭和40年）４月、東京パラリンピックの残務処理も終了したため、国際身体障害者スポーツ大会運営委員会は解散することとなり、新たに財団法人として日本身体障害者スポーツ協会を設立し、残余財産の２０００万円余りをそちらに寄付することとしました。

同年５月に厚生大臣の許可が下り、葛西嘉資氏を会長として、身体障害者スポーツの振興を目的とする全国規模の組織が日本で初めて誕生しました。この協会の主な事業は、スポーツ大会の開催および開催の奨励、国際競技大会への選手団の派遣、指導員の養成などです。そして協会の発足に合わせて1965年（昭和40年）より、全国身体障害者スポーツ大会が開催されることになりました。時期は秋季国民体育大会の直後と定められました。

これが決まると、その全国大会に出場する選手を選ぶために、各都道府県単位のスポーツ大会が積極的に開かれるようになりました。つまり、東京パラリンピックのレガシーである日本身体障害者スポーツ協会が発足したことで、障害者スポーツの裾野が一気に全国に広がったわけです。

1965年（昭和40年）11月6日と7日、岐阜県岐阜市と大垣市において、第1回全国身体障害者スポーツ大会が開催されました。参加選手数523人、役員など500人、合計1000人以上の大規模な大会です。スローガンは「明るく、つよく」。競技種目は東京パラリンピックの第二部を踏襲したものとなりました。

この年、第14回ストーク・マンデビル大会が開かれ、日本は選手3名、役員8名の計11名を派遣しました。参加国数は24ヵ国、選手の合計数は390人でした。

また、アメリカのワシントンでは第10回国際ろうあ者競技大会が開かれ、こちらは参加29ヵ国、選手総数約1000人の規模でした。日本からは選手7名、役員4名の11名が参加しました。

## 皇室と身障者の親密な関係

東京パラリンピックの大きな特徴の一つは、皇室が全面的に関与したことです。大会期間中、毎日いずれかの皇族が試合を見学され、大会終了後も関係者を慰労されるなど、皇族の方々がパラリンピックに親しまれるきっかけとなりました。

なお、皇太子殿下から第1回全国身体障害者スポーツ大会の開会式において、次のようなおことばを賜っています。

「第1回全国身体障害者スポーツ大会の開会式にあたり、全国から参加された選手諸君の元気な姿に接することは誠に喜びにたえません。

みなさん方のなかには、身体的機能を回復し、すでに社会の一員として立派に活躍されている方もあると思いますが、そのためにはスポーツが大きなささえになっていることと思います。

身体障害者に対する理解が、特に昨年のパラリンピック以来、一般国民の間に高まりつつあります。この意味において、本スポーツ大会もまた意義深いものであると思いますが、さらに、日頃の努力によって身体的機能を回復した方々が、より多く社会に復帰できるよう、ひとつの契機を作り出すことになれば誠に喜ばしいことであります。

この機会に、みなさん方は平素鍛錬した成果を競い、お互いに励まし合い、友情を深めることによって本大会を楽しく過されるよう希望いたします」

## 障害者用器具へのインパクト

東京パラリンピックで世界の選手たちと競い合った結果、日本の身体障害者を取り巻く技術面での立ち後れが大きくクローズアップされることとなりました。国立別府病院の中村裕医師は、次のように漏らしていたといいます。

「車いすの違いもはっきりとわかった。イギリスのスポーツ用車いすは、重さが13キロである。日本の車いすは23キロだ。重さだけでなく、外人選手は身体に合わせた車いすを使っていたが、日本は体格などに関係なく、サイズは全員が同じもので、一つしかなかった。これは遅れであり、一種の貧困としか言いようがない」

このことは用具開発への大きな刺激となっただけでなく、用具を使いこなす技術も必要であることを、日本の身体障害者スポーツ関係者に強く認識させることになったのです。

グットマン博士と中村裕氏（1960年）

# 第2章　近年のパラリンピックをめぐる状況

## 「リハビリ」から「スポーツ」へ

### 黎明期から競技普及期へ移行

東京パラリンピックによって日本の障害者スポーツはようやく黎明期を迎えたといえます。東京パラリンピックの第二部として行われた国内大会は、翌1965年（昭和40年）から開催される全国身体障害者スポーツ大会の前身となり、さまざまな障害を持つ人たちのスポーツが、一体として開催・振興されるようになったのです。

そして、各種の競技大会も次々と開かれるようになりました。それに伴って、障害別のスポーツ団体や、障害者スポーツ競技団体が組織されていきます。

1967年（昭和42年）には日本ろうあ体育協会が中心となって第1回全国ろうあ者体育大会を開催し、野球・卓球・陸上競技を実施しました。翌1968年（昭和43

年）には、第1回全国ろうあ者冬季体育大会が開催されています。

１９７０年代に入ると、肢体不自由者の競技スポーツ大会が開催されるようになります。１９７０年（昭和45年）の全国車椅子バスケットボール競技大会、１９７２年（昭和47年）の全国身体障害者スキー大会をはじめ、アーチェリー、卓球、車いすマラソンなどの大会が次々と開催されました。

競技団体の組織化も進み、１９７３年（昭和48年）には日本身体障害者スキー協会が、１９７５年（昭和50年）には日本車椅子バスケットボール連盟が、１９７６年（昭和51年）には日本身体障害者アーチェリー連盟が、それぞれ発足しています。

この動きは海を越えて広がり、１９７４年（昭和49年）には、極東・南太平洋身体障害者競技連盟（Far East and South Pacific Games Federation for the Disabled：ＦＥＳＰＩＣ連盟）が設立されました。これはアジア地区に身体障害者が参加する国際的なスポーツ大会がなかったために作られたもので、１９７５年（昭和50年）には大分県で第1回大会が開催されています。そのときの参加人数は、18カ国９７３名におよびました。

長居障害者スポーツセンターで行われた車椅子バスケットボール教室の様子（昭和50年ころ）

このような障害者スポーツの大会開催や普及の拠点となったのが、障害者優先、あるいは障害者専用のスポーツ施設です。障害者が利用しやすく、専門のスポーツ指導者を置いた最初の障害者スポーツセンターが、１９７４年（昭和49年）に大阪市に作られました。現在の大阪市長居障がい者スポーツセンターです。それに続いて、各地に障害者スポーツセンターが作られるようになりました。

こうした中、障害者スポーツをサポートしていくためには、スポーツ大会の予選や本大会の運営に関わる人材を育成していかなければなりませんでした。それが始まったのは、１９６６年（昭和41年）からのことです。そして１９８５年（昭和60年）には日本身体障害者スポーツ協会の「身体障害者スポーツ指導者制度」として整備されました。１９９３年（平成５年）からは、大学・短期大学・専門学校で規程の単位を修得すると資格が付与される認定校制度が始まりました。２０１６年（平成28年）現在、資格取得者は２万１９０９人にのぼります。

## 長野パラリンピック開催の決定

１９９１年（平成3年）、イギリスのバーミンガムで開かれた第97回国際オリンピック委員会総会において、日本の長野で冬季オリンピックが開かれることが決定しました。これにより、冬季パラリンピックも長野で開催されることとなったのです。冬季オリンピックとしては最も南に位置する都市での開催であり、冬季パラリンピックとしてはアジア初の開催となりました。

『アクティブ・ジャパン』創刊号

日本国内で盛岡、山形、旭川の3候補地を破って日本の開催候補地の座を射止めた長野は、ソルトレイクシティ（アメリカ合衆国）、エステルスンド（スウェーデン）、ハカ（スペイン）、アオスタ（イタリア）の候補地と開催を争い、4回目の投票で最後まで残ったソルトレイクシティを破っての開催地決定となりました。

長野でパラリンピックが開かれることを受けて、日本国内では1991年（平成3年）から「ジャパンパラリンピック（現・ジャパンパラ競技大会）」が開催されるようになりました。これは日本選手の競技力を向上させるためと、記録を公認するためでした。陸上競技と水泳はこの年からスタートし、スキー競技は3年後の1994年（平成6年）から、アイススレッジホッケーとアイススレッジスピードレースは1995年（平成7年）から、アーチェリーは1998年（平成10年）から開催されるようになりました。

1995年（平成7年）になると、長野パラリンピックに向けての強化事業が本格的に始まり、国内外での合宿などがひんぱんに行われるようになりました。

長野パラリンピック開催が刺激となって、日本国内での障害者スポーツに対する関心は次第に高まっていきました。それを受けて、1995年（平成7年）には障害者スポーツの専門誌『アクティブ・ジャパン』（メディアワークス）が創刊されます。同じころ、ベースボールマガジン社も『ばりあふりー』を発刊し、障害者スポーツに関する情報を目にする機会が増えました。

## 長野パラリンピックの成績

１９９８年（平成10年）３月５日、長野県で第７回冬季パラリンピックが開催されました。参加国32、参加選手数５７１（うち男性４４８、女性１２３）、日本選手69（うち男性54、女性15）。競技数は５競技34種目でエムウェーブを主競技場として３月14日の閉会式まで10日間にわたり競技が繰り広げられました。

日本選手団の獲得メダルは、金12、銀16、銅13の合計41個。国別のメダル獲得ランキングでは、ノルウェー、ドイツ、アメリカ合衆国に次いで４位と健闘しました。日本選手メダリストを次に列記します。

種目のあとに書かれている記号は、障害によるクラス分けを示しています。ＬＷ10は下肢および上部腹筋の機能がなく、座位のバランスが悪い人のクラスです。ＬＷ11は下肢に機能障害があるものの座位のバランスがある程度取れる人のクラスです。

## 長野パラリンピックの成績

| | |
|---|---|
| 金メダル | 大日方邦子（アルペンスキー女子滑降座位） |
| | 武田豊（アイススレッジスピードスケート男子100m　LW10） |
| | 武田豊（アイススレッジスピードスケート男子500m　LW10） |
| | 武田豊（アイススレッジスピードスケート男子1000m　LW10） |
| | 土田和歌子（アイススレッジスピードスケート女子1500m　LW11） |
| | 土田和歌子（アイススレッジスピードスケート女子1000m　LW11） |
| | 松江美季（アイススレッジスピードスケート女子500m　LW10） |
| | 松江美季（アイススレッジスピードスケート女子1500m　LW10） |
| | 松江美季（アイススレッジスピードスケート女子1500m　LW10） |
| | 渡辺敏貴（アイススレッジスピードスケート男子1500m　LW10） |
| | 志鷹昌浩（アルペンスキー男子回転座位） |
| | 小林深雪（伴走ー中村由紀）（バイアスロン女子7・5km　視覚障害） |
| 銀メダル | 安彦諭（距離男子5km　クラシカルIDクラス） |
| | 青木辰子（アルペンスキー女子回転座位） |
| | 奥山京子（アイススレッジスピードスケート女子1500m　LW11） |
| | 奥山京子（アイススレッジスピードスケート女子1000m　LW11） |
| | 大日方邦子（アルペンスキー女子スーパー大回転座位） |
| | 野沢英二（バイアスロン男子7・5km　LW10） |
| | 金井良枝（アイススレッジスピードスケート女子1500m　LW10） |
| | 奥原明男（アイススレッジスピードスケート男子100m　LW10） |
| | 加藤正（アイススレッジスピードスケート男子500m　LW11） |
| | 加藤正（アイススレッジスピードスケート男子1000m　LW11） |
| | 武田豊（アイススレッジスピードスケート男子1500m　LW10） |
| | 土田和歌子（アイススレッジスピードスケート女子100m　LW11） |
| | 土田和歌子（アイススレッジスピードスケート女子500m　LW11） |
| | 中村博之（アイススレッジスピードスケート男子1500m　LW11） |
| | 松江美季（アイススレッジスピードスケート女子100m　LW10） |
| | 山口善久（アイススレッジスピードスケート男子100m　LW11） |
| 銅メダル | 奥山京子（アイススレッジスピードスケート女子100m　LW11） |
| | 奥山京子（アイススレッジスピードスケート女子500m　LW11） |
| | 奥原明男（アイススレッジスピードスケート500m　LW10） |
| | 大日方邦子（アルペンスキー女子大回転座位） |
| | 加藤正（アイススレッジスピードスケート男子1500m　LW11） |
| | 金井良枝（アイススレッジスピードスケート女子100m　LW10） |
| | 金井良枝（アイススレッジスピードスケート女子1000m　LW10） |
| | 金井良枝（アイススレッジスピードスケート女子500m　LW10） |
| | 桑原明美（アイススレッジスピードスケート女子1500m　LW11） |
| | 篠原広樹（距離男子20km　クラシカルIDクラス） |
| | 中村博之（アイススレッジスピードスケート男子1000m　LW11） |
| | 山口善久（アイススレッジスピードスケート男子500m　LW11） |
| | 渡辺敏貴（アイススレッジスピードスケート男子1000m　LW10） |

表：厚生労働省HP内「長野パラリンピック冬季競技大会メダル獲得者の状況」（http://www1.mhlw.go.jp/topics/nagano-p/tp0318-a.html）をもとに編集部作成

長野パラリンピック閉会式

## 長野パラリンピックのインパクト

長野パラリンピックはそれまでのパラリンピックと比べると、格段にマスコミの情報量が増えました。たとえばNHKは開会式に加えて閉会式も生中継で放送しました。その2年前に開催されたアトランタ夏季パラリンピックでは日本でのメディアの扱いは小さなものでしたが、長野では「パラリンピック」や「障害者スポーツ」という言葉がひんぱんに使われ、一般に普及していきました。

そして長野パラリンピック以降、マスコミの障害者スポーツに対する扱いは定着していきます。新聞でも、それまで障害者スポーツの扱いは社会面が中心だったのに対して、長野以降はスポーツ面でも多く報道されるようになります。また、長野パラリンピックで初めて、日本選手団がオリンピックとパラリンピックで統一デザインの公式ユニフォームを着用しました。

長野パラリンピック後、厚生事務次官の私的懇談会として「障害者スポーツに関す

公式ユニホームを着用した選手たち

る懇談会」が開かれました。ここでは障害者が生活の中でスポーツを障害のない人とともに楽しめるような環境を整備すること、競技力向上のための体制を作ること、そのために厚生省と文部省が連携すること、日本体育協会や日本オリンピック委員会との協力体制を作ること、障害者スポーツ支援基金などを活用することなどが指針として示されました。

翌年の1999年（平成11年）に、日本身体障害者スポーツ協会は日本障害者スポーツ協会（2014年から日本障がい者スポーツ協会）へと改組し、寄附行為の改正を行いました。その後、同協会は身体障害、知的障害、精神障害の3障害を統合的に扱うことになります。また、選手強化の拠点組織として、日本パラリンピック委員会がこの年に設立されました。

2000年（平成12年）になると、日本障害者スポーツ協会が日本体育協会に「関係スポーツ団体」として加盟します。翌2001年（平成13年）には宮城県で、全国身体障害者スポーツ大会と全国知的障害者スポーツ大会（ゆうあいピック）を統合した第1回全国障害者スポーツ大会が実施されました。

2002年（平成14年）になると、統合の流れがさらに進みます。日本陸上競技連盟が競技規則を改正したため、視覚障害者が伴走者とともに陸連主催のマラソン大会などに参加可能になったのです。実際、2004年（平成16年）以降、東京国際女子マラソンや大阪国際女子マラソンなどで、視覚障害者がガイドランナーとともに出場する姿が見られています。

一方で、障害者スポーツが高度化を進めるにつれて、健常者スポーツと同じ問題が起きてきました。それは、ドーピングです。パラリンピックにも海外選手によるドーピング違反者が出るなどしたため、日本障害者スポーツ協会は２００２年（平成14年）、日本アンチドーピング機構に加盟しています。

２００３年（平成15年）、パラリンピックに日本代表として出場した選手たちによる「日本パラリンピアンズ協会」が発足します。これはパラリンピックに出場経験のある選手同士がつながって他の団体と連携し、パラリンピックや障害者スポーツを広く認知させるとともに、次世代のアスリートを育成することなどを目的とした団体です。選手たち自身による障害者スポーツ普及・振興を目指した初の団体であることが画期的です。

## 急激に変化する障害者スポーツの環境

### ２０１１年からの激動の日々

近年の障害者スポーツにおける大きな出来事といえば、２０１１年（平成23年）に公布、施行された「スポーツ基本法」でしょう。この法律は東京オリンピック前の１９６１年（昭和36年）に作られた「スポーツ振興法」を全面改正したものです。スポーツ振興法が東京オリンピック開催のために施設の整備などを主眼として定められていたのに対して、スポーツ基本法は国家戦略としてスポーツ振興を位置づけています。

この法律の前文には、次のことが書かれています。

「スポーツを通じて幸福で豊かな生活を営むことは、全ての人々の権利であり、全ての国民がその自発性の下に、各々の関心、適性などに応じて、安全かつ公正な環境の下で日常的にスポーツに親しみ、スポーツを楽しみ、又はスポーツを支える活動に参画することのできる機会が確保されなければならない。」

第二条はこの法律の基本理念ですが、その第5項には障害者スポーツに関する事項が記されています。

「5　スポーツは、障害者が自主的かつ積極的にスポーツを行うことができるよう、障害の種類及び程度に応じ必要な配慮をしつつ推進されなければならない。」とあり、文部科学省において、スポーツ施策の一環として障害者スポーツが振興されるようになったのです。

翌2012年（平成24年）には、スポーツ基本法の理念を実現させるための「スポーツ基本計画」が公表されました。この中では、障害者スポーツの普及・強化のための事業や国際大会の招致などについて述べられています。

2013年（平成25年）9月には、2020年のオリンピック・パラリンピックの東京開催が決定しました。これにより、障害者スポーツやパラリンピックは、がぜん注目を浴びるようになったのです。

２０１４年（平成26年）には、障害者スポーツに関する事業のうち、リハビリテーションを除くほとんどのものが文部科学省の管轄となりました。

そして、２０１５年（平成27年）には、障害者スポーツを含むすべてのスポーツ事業を統括するスポーツ庁が創設されました。

２０１１年のスポーツ基本法制定から２０１５年のスポーツ庁創設までの５年間は、障害者スポーツやパラリンピックを巡る環境が大きく変わった、まさに怒濤（どとう）の５年間だったといえるでしょう。

## 急増するパラリンピック報道

障害者スポーツが社会の中でどのような変遷をたどってきたかは、新聞報道などマスコミの扱いを年代順に見ていくとよくわかります。

たとえば東京パラリンピックが開かれた１９６４年（昭和39年）では、朝日新聞・

毎日新聞・読売新聞の三紙を合わせて128本の障害者スポーツ関連の記事が掲載されました。

しかし、翌年から1995年（平成7年）までは毎年100本以下で、ほとんどの年が50本に満たない数しか障害者スポーツの記事がありません。1973年（昭和48年）は0本でした。

ところが1996年（平成8年）に久しぶりに100本を超えると、さらに1998年（平成10年）には630本と驚異的な伸びを示します。この年、長野パラリンピックが開催されたからです。

以降、パラリンピックが開催される年には記事数が増え、中でもパラリンピック夏季大会が開催された2000年（平成12年）、2004年（平成16年）、2008年（平成20年）、2012年（平成24年）には記事数が大きく伸びています。

同様に他の新聞などでも調べてみると、長野パラリンピックを契機として、障害者スポーツに関する報道が急増しており、以降パラリンピックの期間中に報道が集中しています。夏季と冬季の比較では、冬季は夏季のおよそ半分の報道量です。また、東

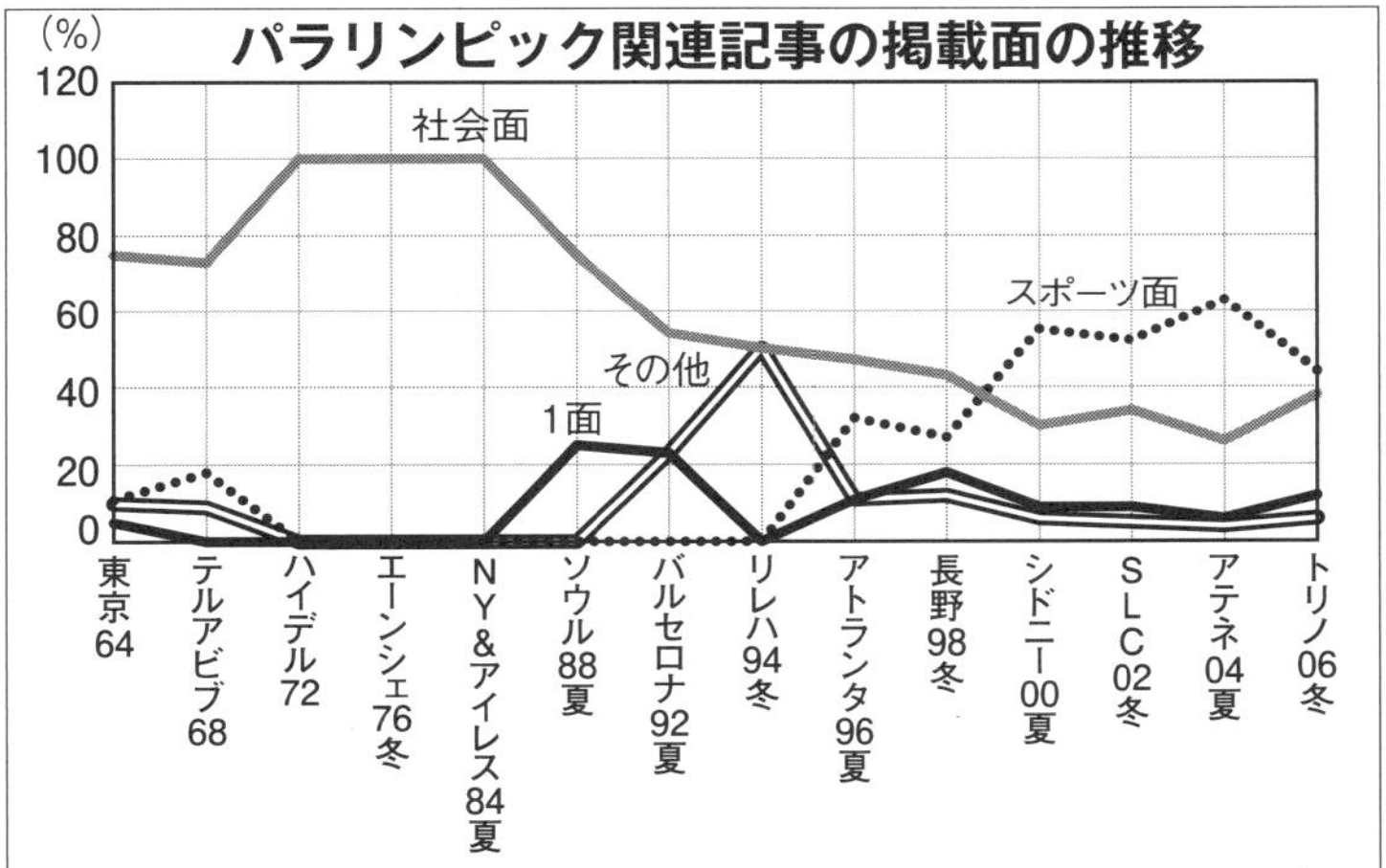
パラリンピック関連記事の掲載面の推移
(%)
120
100
80
60
40
20
0
社会面
スポーツ面
その他
1面
東京64
テルアビブ68
ハイデル72
エーンシェ76冬
NY&アイレス84夏
ソウル88夏
バルセロナ92夏
リレハ94冬
アトランタ96夏
長野98冬
シドニー00夏
SLC02冬
アテネ04夏
トリノ06冬

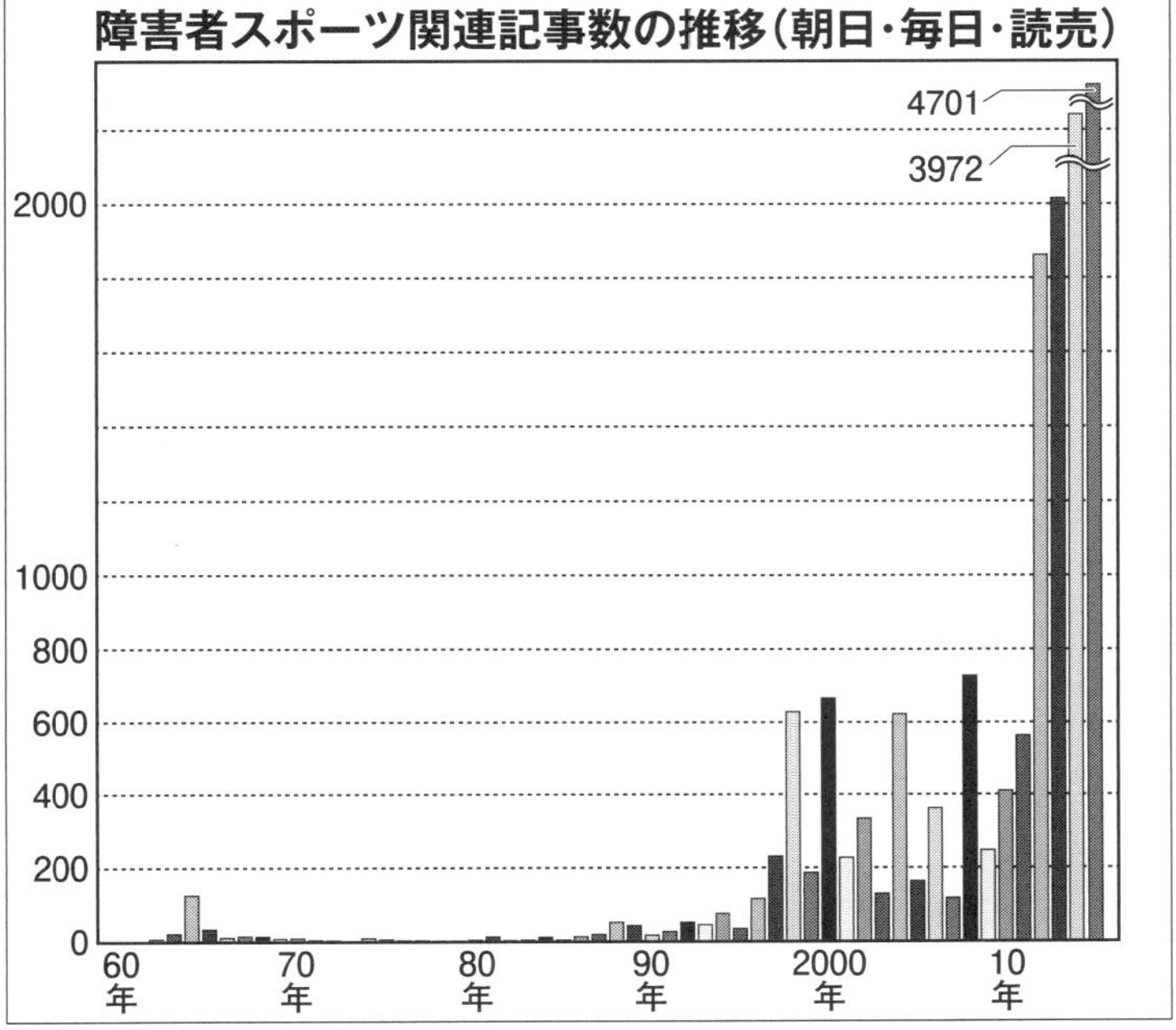
障害者スポーツ関連記事数の推移（朝日・毎日・読売）
4701
3972
2000
1000
800
600
400
200
0
60年
70年
80年
90年
2000年
10年

藤田紀昭研究室調べ（2016年）

京パラリンピック開催が決定してからは、さらに大きな伸びを示しています。

新聞紙面における報道の位置づけの変化では、前にも触れたように長野パラリンピックまでは社会面で報道されることが多かったのが、長野以降はスポーツ面での露出が増えていきます。２０００年（平成12年）のシドニーパラリンピックで初めてスポーツ面での報道がトップとなり、それ以降はスポーツ面に記事の掲載される割合が最も多い状態が続いています。

このことからわかるのは、マスコミが障害者スポーツを「リハビリ」から「スポーツ」としてとらえるようになったのが、２０００年ころであるということです。

## 選手の発掘をどうするか

このように、東京パラリンピック、長野パラリンピックという2回の国内パラリンピックがエポックとなって、日本の障害者スポーツの環境や周囲の見方が大きく変わってきました。次の２０２０年東京パラリンピックを目指して、この動きをさらに熟成させていく必要があります。

その一方で大切なのは、「どのようにして選手を発掘していくか」です。パラリンピックは障害を持った人の大会ですから、スポーツの才能のある障害者を発見し、効率良く育成していく必要があります。今はとにかく「2020年を目指せ」で予算を付けて選手を探し、育成していますから大丈夫ですが、その先のことを考えると、今から準備をしておかなければなりません。

なぜなら、東京パラリンピックが終わってしまったら、当然もう潤沢な予算は付かないでしょうから、それまでと同じような選手の育成方法は取れなくなります。すると、お金がないからとあらゆることが尻すぼみとなり、日本の障害者スポーツが衰退していく可能性が考えられます。

それでなくても、平和で戦争がなく、安全な職場が増えていて、交通事故も減っている日本では、パラリンピックに出場できるような障害者の数は減る傾向にあります。それはとても良いことですが、障害者スポーツの振興を考えた場合、これまでとは違う取り組みが求められます。

たとえば、先天的に障害がある人の場合は学校でうまくスポーツと結びつけ、途中で障害を持った人は、リハビリを終えたらすぐにスポーツにつながるような仕組みを作る。今そういうものがないのは、学校だと学校の先生が障害者スポーツを知らないことが多いためです。現在、中学校の体育の先生は、障害者スポーツのことを知らなくても体育の教員免許が取れますが、それを変えれば状況が変わるでしょう。

特別なイベントを開催しなくても、障害者スポーツセンターや障害者スポーツの競技団体に「こういう才能を持った子がいる」と情報を伝えることができれば、お金をかけずにパラリンピックに出場する可能性を持った選手を発見できます。

そのためには、小中高の教員や、リハビリに携わっている理学療法士・作業療法士、さらには看護師などに障害者スポーツの知識を持ってもらうことが必要です。特に、小中高の教員についていえば、文科省の教員免許法を改正してでも実現してほしいことです。

# 第3章　競技の見どころと日本のメダル期待競技

## 夏の競技

### アーチェリー

アーチェリーは、離れた的に向かって矢を放ち、その得点を競い合うというシンプルな競技です。スポーツとして本格的に行われるようになったのは１６００年ごろといわれますが、障害者スポーツにアーチェリーが登場したのは、１９４０年代です。当初は、第二次世界大戦で負傷した患者のリハビリとして取り入れられていました。アーチェリーは１９６０年（昭和35年）の第1回ローマパラリンピックから正式競技として採用されている、パラリンピックとしては歴史のある種目です。

競技は使用する弓によって二つの部門に分かれ、さらに障害の種類によって「W１（四肢の障害により車いすを使用）」「W２（下半身の障害により車いすを使用）」「ST（立つか、椅子に座って競技ができる）」の3クラスに分かれます。弓の種類には、「リカーブ」と呼ばれる一般的なものと、弦を引く力が弱くても矢を速く、遠くまで飛ばすことができるように先端に滑車のついた「コンパウンド」の2種類があります。

男女別に団体戦1種目（リカーブのみ）と個人戦（男子4種目、女子3種目）が行われ、ルールは一般のアーチェリー競技規則に準じていますが、障害の種類や程度に応じて一部ルールを変更したり、用具を工夫したりすることが認められています。

団体戦は男女1人ずつの2人1組で行われ、個人戦は1対1の対戦形式で行われます。対象障害は肢体不自由。上下肢に障害のある人が出場できます。腕に障害のある選手のために、口で弓を引けるように用具が改良されていたりします。2020年の東京パラリンピックでは、夢の島公園が競技会場に予定されています。

この種目における日本選手は、2004年（平成16年）のアテネ大会で銀2、銅1、2008年（平成20年）の北京大会で銀1のメダルを獲得しています。

## リカーブ

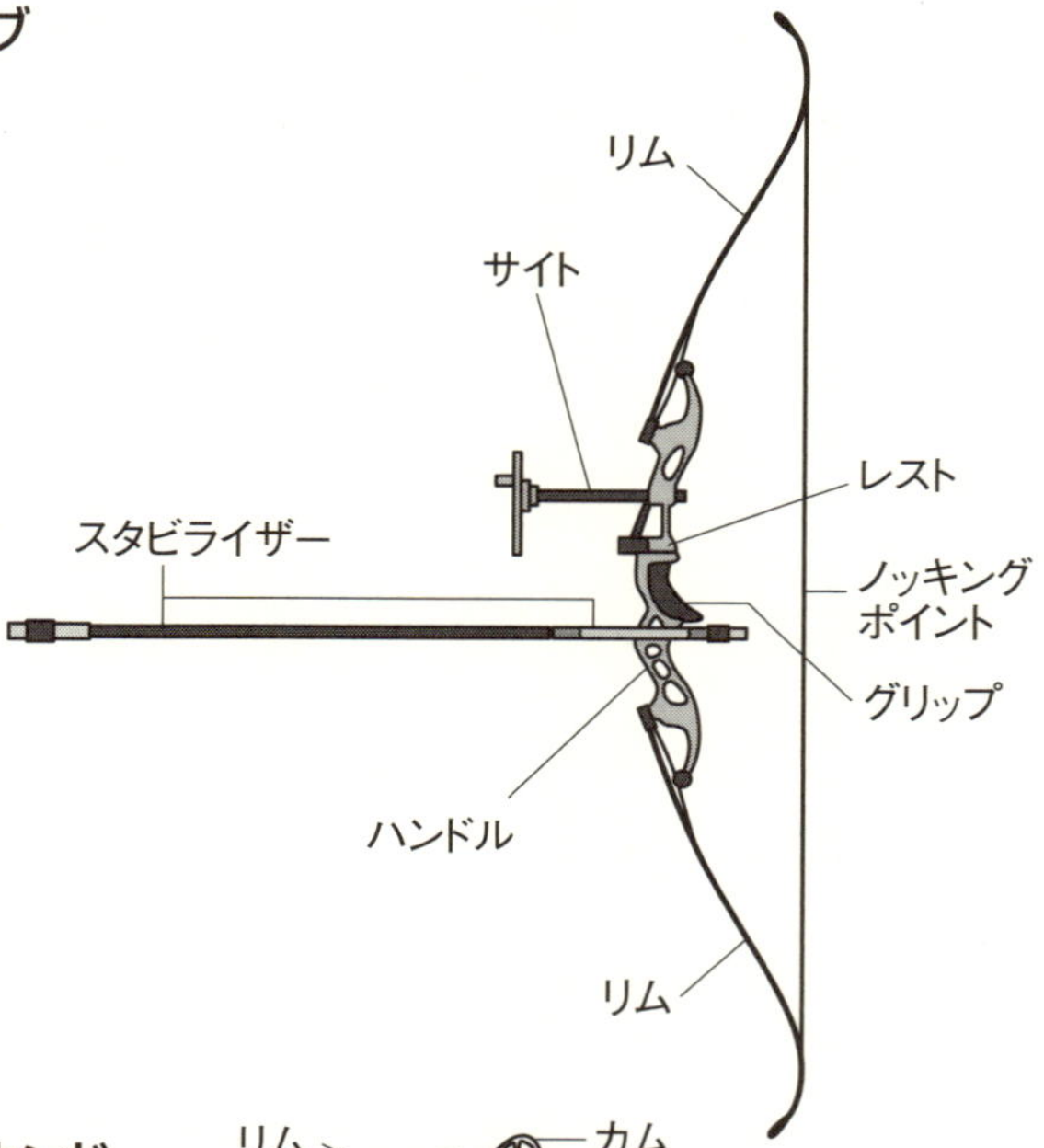
リム
サイト
レスト
スタビライザー
ノッキング
ポイント
グリップ
ハンドル
リム

## コンパウンド

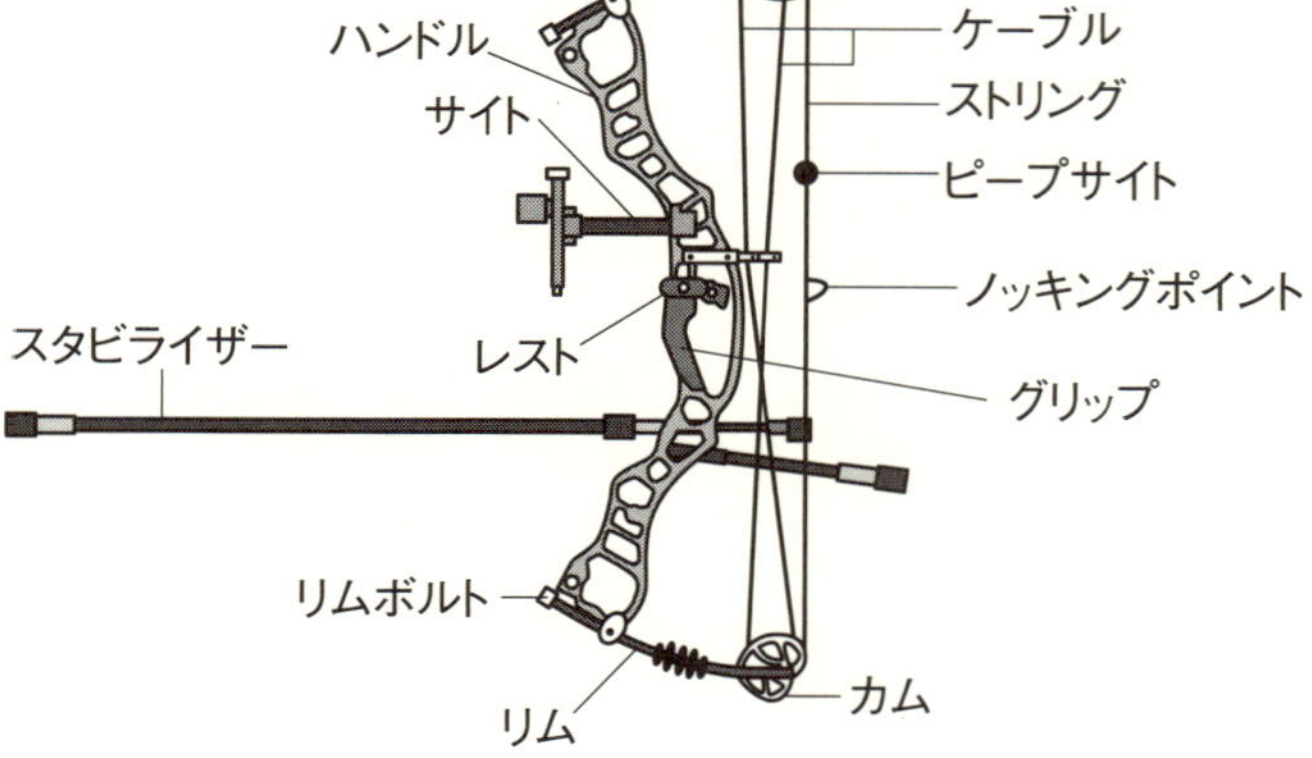
リム
カム
ハンドル
ケーブル
ストリング
サイト
ピープサイト
ノッキングポイント
スタビライザー
レスト
グリップ
リムボルト
リム
カム

# 陸上競技

陸上競技には、100メートル競走やリレーなどのように競技場のトラックで行われる種目と、走り幅跳びや砲丸投げなどのようにフィールドで行われる種目、そしてマラソンのようにロード（道路を使用）で行われる種目があります。

車いすを使う選手、義足を使う選手、視覚障害の選手など、さまざまな選手が参加するため、障害の種類や程度などによりクラス分けが行われて競技に臨みます。車いす競技では「レーサー」と呼ばれる軽量な専用車いすを使用し、下肢を切断した選手はスポーツ用に開発された義足を装着して競技に参加します。視覚障害の選手は、競走種目において「ガイドランナー」と呼ばれる伴走者とともに走り、跳躍・投擲種目では「コーラー（手を叩くなどして音で選手に知らせる人）」による指示を頼りに競技することがあります。

ルールは、基本的には一般の陸上競技と同じルールですが、障害に応じて一部のル

さまざまな義足を着用して走る選手たち

ールが変更される場合があります。

アーチェリーと同じく、１９６０年（昭和35年）の第1回ローマパラリンピックからの正式競技で、２０１２年（平成24年）のロンドンパラリンピックでは、男女合わせて１７０種目が行われました。ちなみに、パラリンピックでは、障害の種類や程度によってクラス分けされるため、種目数が多くなります。たとえば、陸上競技でいえば、男子１００メートルは15クラス、女子１００メートルは14クラス、合わせて29個の金メダルが授与されることになります。対象障害は、肢体不自由（上下肢障害）と視覚障害、知的障害です。2020年の東京パラリンピックでは、国立競技場がメイン会場になる予定です。

この種目における日本選手は、2004年（平成16年）のアテネ大会で金7、銀4、銅7、2008年（平成20年）の北京大会で金2、銀7、銅3、2012年（平成24年）のロンドン大会で銀3、銅1のメダルを獲得しています。

## ボッチャ

ボッチャは、ヨーロッパで生まれた重度脳性麻痺（まひ）者もしくは同程度の四肢重度機能障害者のために考案されたスポーツで、冬季オリンピックのカーリングに似た競技です。12・5メートル×6メートルのバドミントンコートと同程度の大きさのコートを使い、選手は定められたスローイングボックスから「ジャック」と呼ばれる白い目標球に向かって、赤チームと青チームがそれぞれ自分の色の6個のボールを投げたり転がしたりして、どれだけジャックボールに近づけられるかを競います。1対1の個人

アシスタントは選手の指示に従い、「ランプ」の位置を調節する

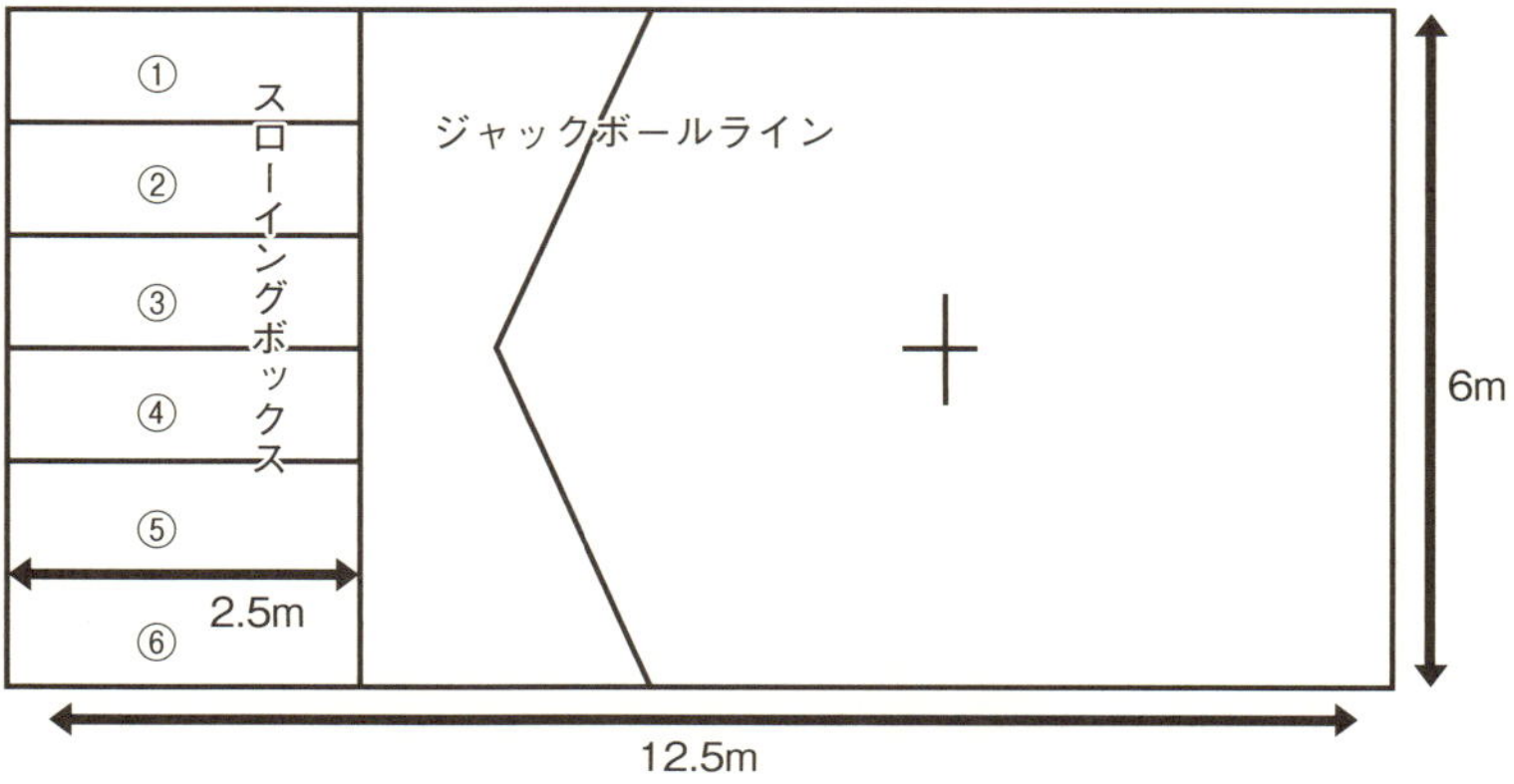


ボッチャのコート

戦、2対2のペア戦、3対3のチーム戦の3種目があり、男女混合で競技を行います。

障害によって、ボールを手で投げることができない選手は、足でボールを蹴ったり、アシスタントとともに「ランプ」と呼ばれる小さな滑り台のような勾配のついた用具を使って、ボールを転がします。ただし、アシスタントは選手の指示に従い、ランプの方向や高さを調節することはできますが、選手へのアドバイスなどは禁止されています。また、競技中、コートの中を見てはいけません。

ボッチャの起源は、古代ギリシャで行われていた球投げともいわれ、6世紀のイタリアで現在のものに近いルールが考えられました。「ボッチャ」とは、イタリア語で「ボール」のことです。20世紀に入ると、重い障害のある人々でも参加することができる競技としてルールが整備され、ヨーロッパから世界中に広まりました。現在では、世界で40カ国以上に普及しています。

ボッチャは1984年（昭和59年）のニューヨーク&エイルズベリーパラリンピックで初めて公開され、1988年（昭和63年）のソウルパラリンピックから正式競技となりました。

対象障害は肢体不自由（脳性麻痺、頸髄損傷など）で、2020年の東京パラリンピックでは、有明体操競技場が競技会場になる予定です。

この種目における日本選手の獲得メダルは、まだありません。

カヌー

パラリンピックで行われるカヌーは、200メートルのスプリントで競います。障害の程度によってA（胴体が動かせず肩の機能だけで漕ぐことができる選手）、TA（胴体と腕を使って漕ぐことができる選手）、LTA（足・胴体・腕を使うことができ、力を入れて踏ん張ったり、腰かけて艇を操作できる選手）のクラスに分かれます。

種目としては、カヤックとアウトリガーカヌーのヴァーがあります。カヤックはパドルを左右交互に漕ぎながら前に進みますが、ヴァーはカヌーの片側にアウトリガーと呼ばれる浮きが張り出した形をしているため、アウトリガーの反対側のみを漕いで前進します。

リオデジャネイロ大会では、カヤック部門（A、TA、LTA）の3種目が男女とも行われますが、その次の東京大会ではカヤック部門、ヴァー部門が採用される予定です。

スポーツとしてのカヌーが競技になったのは、19世紀のことです。1866年、最初のカヌーレースがイギリスのテームズ川で初めて行われました。

障害者スポーツとしてのカヌー競技は、2016年（平成28年）のリオデジャネイロ大会で、初めて正式競技となります。

対象障害は肢体不自由（上下肢障

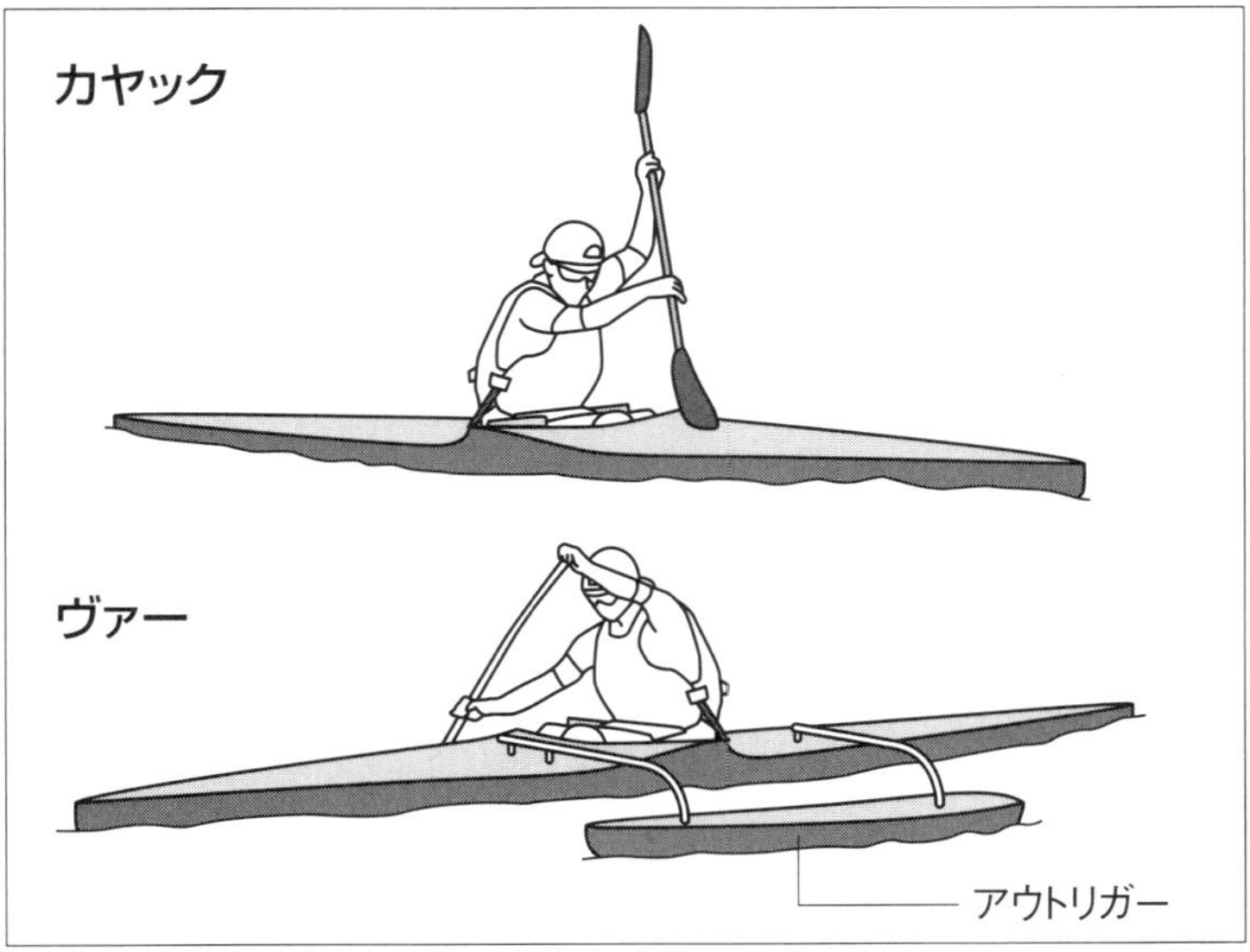

害）および視覚障害で、２０２０年東京大会での競技会場は、海の森水上競技場が予定されています。

## 自転車

パラリンピックの自転車競技は、大きく分けて2種類あります。一つは、屋外の一般道を使用する「ロード」という種目で、「タイムトライアル」「ロードレース」「チームリレー」があります。屋外を走るため、天候や道路の状況も勝負の行方を大きく左右します。

もう一つは、屋内の競技場で行う「トラック」という種目です。「トラック」では「バンク」という傾斜のある周回走路を走ります。「個人追い抜き」「タイムトライアル」「タンデムスプリント」「チームスプリント」「スクラッチレース」があります。選手は時速60キロものスピードで競技場を走ります。猛スピードで観客の目の前を走り抜ける様子は迫力満点です。

自転車競技は、使用する自転車の種類（4種類）により部門が分かれます。

C部門は二輪自転車（義足等使用可能）で対象となるのは四肢機能障害、麻痺などの選手。その中で障害の程度により5クラスに分類されています。

H部門はハンドサイクルで、上肢だけで駆動する自転車です。対象は脊髄損傷などの選手。やはり5クラスに分かれています。ハンドサイクルはロード種目のみで、トラック種目はありません。

T部門は体幹のバランスが悪い選手のための三輪自転車。対象はより重い麻痺の選手で、2クラスに分かれています。

B部門はタンデム自転車で、後部座席に視覚障害の選手が乗り、前部座席に「パイロット」と呼ばれる健常者の選手が乗ります。分類はありません。

自転車がパラリンピックの正式競技となったのは、1984年（昭和59年）のニューヨーク＆エイルズベリーパラリンピックから。はじめは、屋外を走る「ロード」のみでしたが、1996年（平成8年）のアトランタパラリンピックから、屋内で行われる「トラック」が新設されました。

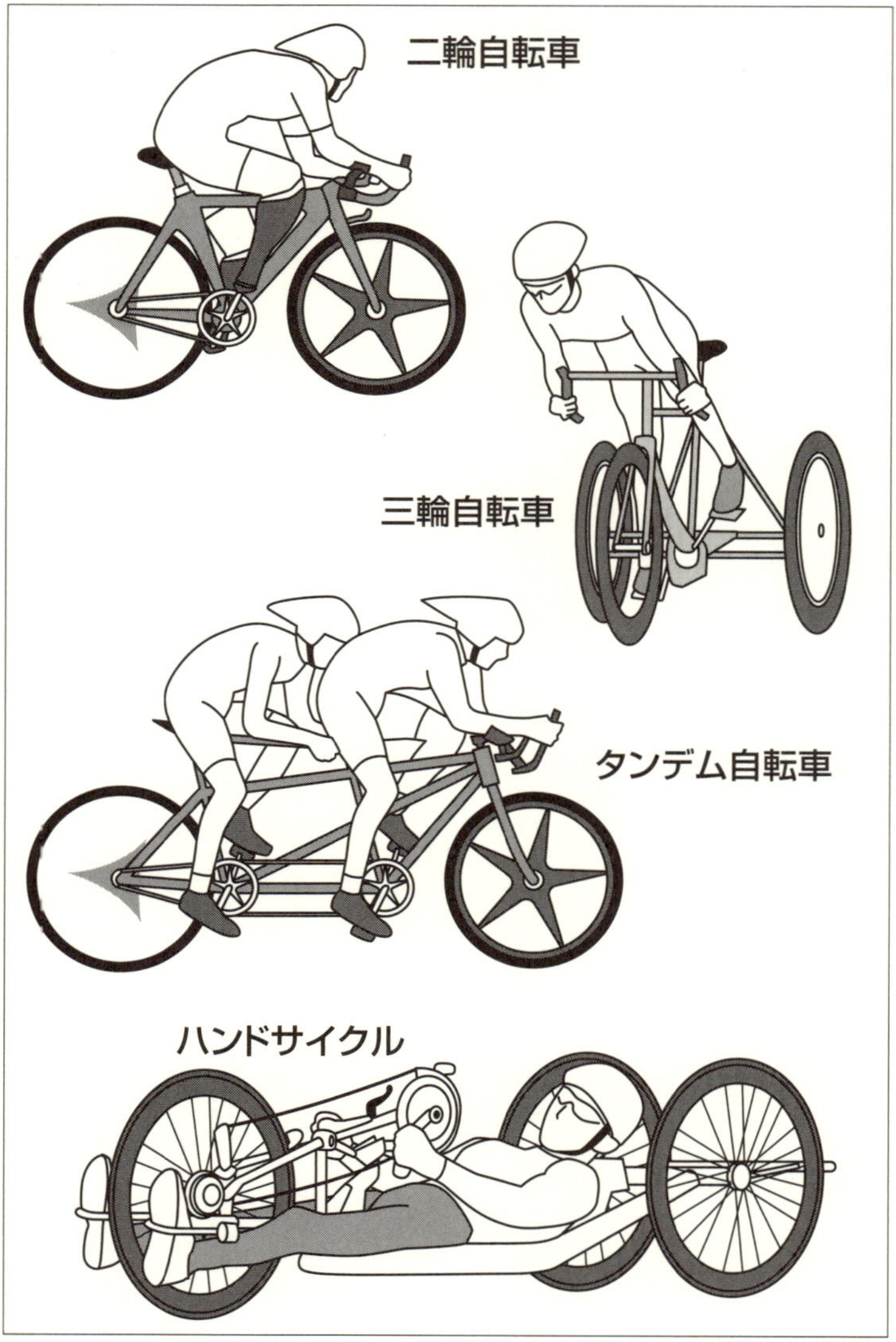
二輪自転車
三輪自転車
タンデム自転車
ハンドサイクル

対象障害は、肢体不自由（上下肢障害）と視覚障害です。２０２０年東京パラリンピックでの競技会場は、まだ決まっていません。

この種目における日本選手は、２００４年（平成16年）のアテネ大会で銀1、銅1、２００８年（平成20年）の北京大会で金1、銀1、銅2、２０１２年（平成24年）のロンドン大会で銅1のメダルを獲得しています。

## 馬術

オリンピック競技としてもよく知られている馬術は、人馬一体となった演技の正確性と芸術性を男女混合で競い合う競技です。障害者スポーツとしての馬術競技の種目には、あらかじめ決められた規定演技を行う「チャンピオンシップ」と、選手が自分で選んだ楽曲に合わせて演技を行う「フリースタイル」の2種目があります。

選手は障害の種類や程度に応じて、Ⅰa・Ⅰb・Ⅱ・Ⅲ・Ⅳの五つのグレードに分類され、個人戦ではグレードごとに競技を行います。「チャンピオンシップ」の団体

口に手綱をくわえ、足で鞭を使い、巧みに馬を操る

戦では、グレードを問わずにチームを組むオープンクラスの競技も行われています。

馬術競技では、選手はジャケットを着て、ヘルメット・乗馬用ブーツ・手袋などを身につけることが義務づけられています。また、馬には鞍（くら）や手綱などの用具を装着しますが、障害によって一般に使用されている馬具では不自由だったり、安全性に問題があったりする場合には、それらを補うために改良された「特殊馬具」を使用することが認められています。

なお、表彰の際には、馬もリボンをつけてもらい、選手と共に表彰されるという、微笑（ほほえ）ましいシーンを見ることができます。

古来、障害を持った人たちの乗馬は、リハビリ目的で発展してきました。はるか古代ギリシャ時代に、傷を負った軍人のリハビリに乗馬が活用されていたことが知られています。20世紀になると、理学療法の一環として乗馬が用いられるようになりました。

パラリンピックの馬術競技は、1984年（昭和59年）のニューヨーク&エイルズベリーパラリンピックで初めて行われ、1996年（平成8年）のアトランタパラリンピック以降は、連続して正式競技となっています。

対象障害は肢体不自由（上下肢障害）および視覚障害で、２０２０年の東京パラリンピックでは馬事公苑が競技会場に予定されています。

この種目における日本選手のメダル獲得は、まだありません。

## 5人制サッカー

視覚障害の選手によるサッカーです。1チーム5人で、フットサルと同じサイズのコートで、両サイドライン上に高さ1メートルほどのフェンスが設置されます。転がるとシャカシャカと音が出るボールを使用し、前半・後半各25分を戦います。

ピッチを走る選手（フィールドプレーヤー）は4人で、アイマスクと、選手の任意ではありますが危険防止のためのヘッドギアを装着します。ゴールキーパーは視覚障害のない選手または障害の軽い選手がつとめ、味方に声をかけて指示を出します。このほか、コーチとコーラーと呼ばれるガイドの2人が、声で選手に情報を伝えます。

音を頼りにボールを追いかけ、ゴールを狙う

ボールを持った相手に向かっていくときは、「ヴォイ！（スペイン語で「行く」という意味）」と声をかけなければなりません。さもないとファウルになります。目の不自由な選手が相手ゴールを目指して自由に走り回るため、迫力あるプレーが展開します。

視覚障害者によるサッカーは、1980年の初めに開発され、ヨーロッパや南米を中心に広まりました。「ブラインドサッカー」とも呼ばれるこの競技が日本に紹介されたのは2001年（平成13年）のことで、2004年（平成16年）のアテネパラリンピックから正式競技となりました。

対象障害は視覚障害（全盲）で、ゴールキーパーのみ晴眼者または弱視者が認められています。2020年の東京パラリンピックにおける競技会場は、まだ決まっていません。

この競技において、日本選手のパラリンピック出場経験は、リオデジャネイロ大会を含め、まだありません。

## ゴールボール

ゴールボールは、1チーム3人の視覚障害のある選手が行う対戦型のチームスポーツです。選手は視力の程度に関係なく、アイシェードという目隠しを装着して、18メートル×9メートルのコート（バレーボールのコートと同じ大きさ）の中で戦います。

攻撃側は、相手ゴール（高さ1・3メートル、幅9メートル）に向かって、バスケットボールとほぼ同じサイズの、鈴が2個入ったボール（重さ1・25キログラム）を転がすように投球します。守備側は、ボールの音や相手の足音を聞き分け、3人で全身を使ってセーブし、ゴールを守ります。

ボールがゴールに入れば、攻撃側に1点が与えられ、守備側がゴールを守ることができれば、攻撃権が与えられます。前半・後半各12分の合計24分間戦い、ハーフタイムは3分です。前後半を通じて、得点の多いチームが勝ちとなります。

ゴールボールの特徴は、選手が音を頼りに競技することから、観

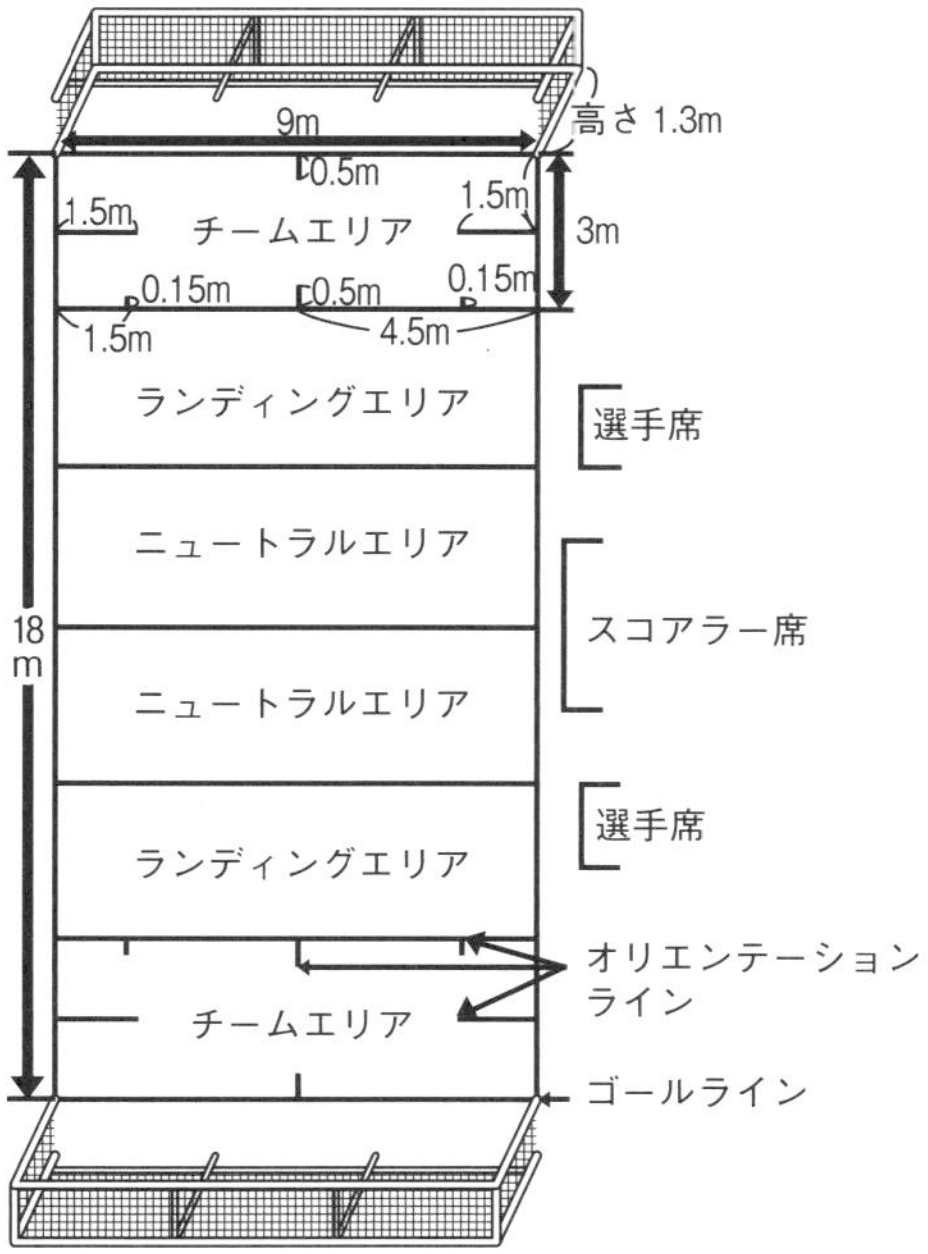


ゴールボールのコート

客も試合の邪魔にならないよう、音を出さないように注意して観戦しなければならないところにあります。シーンと静まり返った競技場で熱い闘いが繰り広げられるため、人気のある競技です。

もともとは第二次世界大戦後のヨーロッパで、視覚に障害を受けた軍人のリハビリのために考案されたプログラムがもととなり、１９４６年（昭和21年）にオーストリアのハンス・ローレンツェン、ドイツのセット・ラインドルの両氏によって、競技として紹介されたのが始まりとされています。

この競技は、１９７２年（昭和47年）のハイデルベルクパラリンピック（当時は西ドイツ）で公開され、１９７６年（昭和51年）のトロントパラリンピックで正式競技となりました。

対象障害は視覚障害。２０２０年の東京パラリンピックでは、幕張メッセが競技会場になる予定です。

この種目における日本選手は、２００４年（平成16年）のアテネ大会で銅メダルを、２０１２年（平成24年）のロンドン大会で金メダルを、いずれも日本女子チームが獲得しています。これは、パラリンピックにおけるチームスポーツで、これまで日本が獲得した唯一の金メダルです。

## 柔　道

視覚障害の選手によって行われる柔道競技です。パラリンピックの他の競技と違い、障害の程度ではなく、オリンピックと同様に体重別でクラスが分けられているのが特徴です。

男子は7階級（60キロ級、66キロ級、73キロ級、81キロ級、90キロ級、100キロ級、100キロ超級）、女子は6階級（48キロ級、52キロ級、57キロ級、63キロ級、70キロ級、70キロ超級）に分かれています。

ルールは健常者の柔道とほぼ同じですが、視覚障害の選手が行うことを考慮して、一部に変更があります。たとえば試合開始の方法は、健常者の柔道では2人の選手が離れた状態で試合を開始しますが、視覚障害者の柔道では、最初から互いに相手のえ

華麗な投げ技が決まる

りとそでを持ち、組み合った状態で試合を始めます。そのため、健常者の柔道よりも、きれいに技が決まりやすいという傾向があり、見る者を魅了します。

パラリンピックにおける柔道競技は、1988年（昭和63年）のソウルパラリンピックから正式競技となりました。当初は男子のみでしたが、2004年（平成16年）のアテネパラリンピックから女子の参加も認められています。

対象障害は視覚障害。2020年の東京パラリンピックでは、日本武道館が競技会場に予定されています。

この種目における日本選手は、2004年（平成16年）のアテネ大会で金1、銀2、銅1、2008年（平成20年）の北京大会で銀1、2012年（平成24年）のロンドン大会で金1のメダルを獲得しています。

下肢に障害のある選手によるベンチプレス。
男子の最重量クラスでは300キロ近い重さを挙げる選手もいる

## パワーリフティング

パラリンピックにおけるパワーリフティングは、下肢に障害のある選手が上半身の力を使い、ベンチプレスでバーベルを持ち上げ、その重量の記録を競います。

選手は台の上にあお向けに寝た状態で、バーベルを支えているラックという部分からバーベルをはずして静止します。その後、審判の合図とともにバーベルを胸の上まで下ろし、肘が伸びきるまで押し上げます。この1サイクルを「試技」といい、3回目の試技が終わった時点で、重いバーベルを持ち上げた順に順位がつきます。

通常のベンチプレスは足が床についた状態で行われますが、下肢に障害のある選手の場合は、延長されたベンチプレス台の上に足を乗せて行います。

パワーリフティングでは、障害の種類や程度によるクラス分けはなく、試合は体重別に男女各10階級で行われます。ただし、切断の選手はその分体重が軽くなるため、切断の範囲に応じて自分の体重に一定の重量が加算されます。

障害者のパワーリフティングは、第二次世界大戦で下肢切断や脊髄（せきずい）損傷を負った兵士が社会復帰をするためのリハビリテーションの一環として、上半身を鍛えるためにベンチプレス運動を行ったのが始まりといわれています。１９６４年（昭和39年）の東京パラリンピックから正式競技となりました。

対象障害は肢体不自由（下肢障害）です。２０２０年の東京パラリンピックにおける競技会場は、東京国際フォーラムが予定されています。

日本は１９６８年（昭和43年）のラマットガン大会で銅メダル１個を獲得しました。

ダブル・スカル

## ボート

ボート競技はローイングとも呼ばれ、1人、または複数の選手でボートを漕ぐ競技です。障害の程度によって競技種目が異なり、選手は「ASクラス」（腕と肩のみで漕ぎ、歩行ができない。車いすの選手が対象）、「TAクラス」（胴体と腕を使って漕ぐことができる。下肢切断、脳性麻痺の選手が対象）、「LTAクラス」（片足と胴体、腕を使って漕ぐことができる。上下肢障害、脳性麻痺、視覚障害の選手が対象）のいずれかにクラス分けされます。

各クラスごとに、4人の漕ぎ手（男女混成2：2）と1人のコックス（指示を出し、舵（かじ）を握る人）で1チーム（クルー）の「フォア（4人それぞれが1本のオールを漕ぐ）」、男女混成（1：1）の2人乗り「ダブル・スカル（2人乗り、両手漕ぎ）」、男女別の1人乗り「シングル・スカル（1人乗り、両手漕ぎ）」の3種目4競技があります。シングル・スカルのみ男女別で、その他は男女混合で実施されます。

競技は、ブイで仕切られた直線1000メートルの六つのコースで行われます。各ボートは、スタートの合図に合わせて同時に漕ぎ始め、ボートの先端がゴールを通過した順に順位がつけられます。

ボートは、2008年（平成20年）の北京パラリンピックから正式競技となりました。障害者用としては歴史の浅いスポーツですが、日本は北京パラリンピック、ロンドンパラリンピックと、2大会連続で代表選手を送り込んでいます。

対象障害は肢体不自由（上下肢障害）と視覚障害。2020年の東京パラリンピックでは、海の森水上競技場が競技会場になる予定です。

この競技における日本人のメダル獲得者はまだ出ていません。

## 射撃

射撃は、ライフルまたはピストルで的を狙って規定の弾数を撃ち、その得点を競い合う競技です。使用する銃は空気銃と火薬銃で、的までの距離（50メートル、25メートル、10メートル）や撃ち方（立射、伏射）などで種目が分かれており、合計12種目あります。

車いすの選手は、立射を車いすに座った状態で、伏射をテーブルに肘をついた状態で撃ちます。クラス分けは、障害の状態によって「SH1（自力で上半身を支え、銃器を保持し射撃する）」か、「SH2（スタンドを用いて上半身を支えた状態で、銃器を保持し射撃する）」のいずれかに分類されます。

1発の満点は10点で、満点を狙うには、射距離10メートルのエアライフル種目の場合、直径4・5ミリメートルの弾を的の中心にある直径0・5ミリメートルのマークに命中させなければなりません。的の中心から離れるほど得点が低くなり、的から外

肘をついた状態で的を狙う選手たち

れると0点です。

銃やコートの開発が進んでいるため、勝つためには満点を取る技術が求められます。また、一つのミスで勝敗が決するため、集中力やメンタルの強さも必要です。

もともとの射撃は、銃器が発達した15世紀から16世紀のヨーロッパで起こった競技といわれていますが、障害者スポーツとしての射撃は、1976年（昭和51年）のトロントパラリンピックから正式競技となりました。

対象障害は肢体不自由（下肢障害）。2020年の東京パラリンピックにおける競技会場は、陸上自衛隊朝霞（あさか）訓練場が予定されています。

この競技における日本人のメダル獲得者はまだ出ていません。

## 水泳

パラリンピックの水泳は、オリンピックと同じように「自由形」「平泳ぎ」「背泳ぎ」「バタフライ」「個人メドレー」「メドレーリレー」「フリーリレー」の7種目で競います。

ルールは一般の競泳競技規則に準じていますが、障害の種類や程度によって一部の規則が変更されています。

たとえば視覚障害の選手の場合、ゴールタッチやターンの際に壁にぶつかってケガをしないように、コーチがタッピングバーと呼ばれる合図棒を使って選手の身体に触れ、壁の接近を知らせることが認められています。また、下肢の障害で飛び込みスタートが困難な選手は、水中からのスタートが認められています。

成田真由美選手

選手は障害の種類や程度、運動機能によってクラス分けされ、クラスごとに競技を行います。

パラリンピックに出場するためには、国際パラリンピック委員会水泳部門（ＩＰＣ－ＳＷ）の定める「標準記録」を突破することが最低条件となります。オリンピックに近い記録が出る場合もあり、選手には高度な能力が求められます。

水泳は、１９６０年（昭和35年）の第１回ローマパラリンピックから正式競技として行われています。初期は車いすの選手だけで行われていましたが、その後、切断の選手、視覚障害の選手、知的障害の選手も出場が認められるようになりました。

この種目における日本選手は、2004年（平成16年）のアテネ大会で金8、銀6、銅9、2008年（平成20年）の北京大会で金1、銀2、銅2、2012年（平成24年）のロンドン大会で金2、銀2、銅4のメダルを獲得しています。

中でもアテネ大会で個人6種目とリレーで金メダル7個を獲得した成田真由美さんの活躍は人々に強烈な印象を残しました。成田さんはアトランタ大会から北京大会までの4大会に出場して、金15個、銀3個、銅2個と合計20個のメダルを獲得しています。リオデジャネイロ大会でカムバックすることが決まり、活躍が期待されています。

対象障害は、肢体不自由（上下肢障害）、視覚障害、知的障害。2020年の東京パラリンピックにおける競技会場は、都立辰巳の森海浜公園に新しく整備される予定のオリンピックアクアティクスセンターが予定されています。

## 卓　球

卓球は、1890年代のイギリスで、貴族が食事のあとに食卓で楽しんでいたゲームがもとになって生まれたスポーツといわれています。障害者スポーツとしての卓球は、1960年（昭和35年）の第1回ローマパラリンピックから正式競技として行われています。

パラリンピックの卓球は、一般の競技規則に準じて行われますが、障害の種類や程度によって一部の規則が変更されています。たとえば、知的障害部門では健常者とまっ

車いす使用の選手によるサービス

たく同じルールが適用されて競技が行われますが、車いす使用の選手のサービスでは、相手コートでバウンドしたボールがその後サイドラインを横切った場合にはレット（ノーカウント）となります。

競技は個人戦と団体戦があり、選手は障害の種類や程度、運動機能によってクラス分けされ、クラスごとに競技を行います。個人は男子11クラスと女子11クラス、そのほか団体戦もあります。

パラリンピックに出場するには、世界ランキングの上位にランクインする必要がありますが、日本代表選手は国際大会で実績を残しているため、２０２０年の東京パラリンピックの出場権はすでに獲得しています。

試合のスピード感や迫力は健常者のものと変わりなく、時速１００キロ以上にもなるボールを打ち返して戦う様子は、見る者の目を釘付けにします。

対象障害は肢体不自由（車いす・立位）および知的障害。２０２０年の東京パラリンピックにおける競技会場は、東京体育館が予定されています。

かつては日本選手の活躍が見られた競技ですが、２０００年（平成12年）のシドニーパラリンピックを最後に、日本人のメダル獲得者がいない状況です。

## トライアスロン

トライアスロンは、スイム（水泳）、バイク（自転車）、ラン（長距離走）を連続して行う競技です。２０１６年（平成28年）のリオデジャネイロパラリンピックから新たに正式競技として加わりました。

さまざまな障害を持つ選手ができる限り公平性を保ちながら、かつ安全に競争できるように、ルールが整備されています。オリンピックのトライアスロン競技の半分の距離（スイム0・75キロ、バイク20キロ、ラン5キロの総距離25・75キロ＝スプリントディスタンス）を座位・立位・視覚障害の選手がそれぞれのクラスで競い合います。

障害の種類やレベルで5クラスに分けられますが、リオデジャネイロパラリンピックで実施されるのは男女各3クラスのみです。

スイムからバイク、バイクからランへと種目を転換する「トランジション」は、それにかかった時間もタイムに加算されるので、「トライアスロンの第4の種目」ともいわれます。パラリンピックのトライアスロンでは、障害クラスごとに使用機材が異なり、着脱する補助具もさまざまなので、個人差が出やすくなります。また、クラスによっては、「ハンドラー」(クラス・場面に応じた支援者)や「ガイド」(視覚障害者の併走をする同性の支援者)のサポートを受けるので、チームワークも不可欠です。

トライアスロンは、環境さえ許せば健常者と障害者が同じレースで競い合うことができるため、これまでに障害を持った選手が何人も、健常者の選手と一緒のトライアスロンに出場し、完走しています。トライアスロン誕生後間もない1980年代から、すでに障害者が健常者に交じってトライアスロンに挑戦している姿がありました。

対象障害は肢体不自由(車いす・立位)と視覚障害。2020年の東京パラリンピックにおける競技会場は、お台場海浜公園が予定されています。大会時には競技のための仮設施設が整備されることになっています。

臀部を浮かせることなく、ボールのゆくえを追う

## シッティングバレーボール

シッティングバレーボールは、床にお尻をつき、座った姿勢でプレーする6人制バレーボールです。ボールは公認のバレーボール球を使用しますが、コートの広さは一般のバレーボールより狭く、ネットの高さも低くなっています。

試合は国際バレーボール競技規則に準じて、ラリーポイント制、5セットマッチ（3セット先取で勝利）で行われます。サーブ、ブロック、スパイクなどの際には、立ち上がったり飛び跳ねたりして床から臀部（でんぶ）

を浮かしてはいけませんが、レシーブの際だけは短時間の臀部の離床が認められています。

もともとシッティングバレーボールは、1956年（昭和31年）に戦争などで負傷し、障害を負った人たちのためのリハビリテーションとして考え出されました。1957年（昭和32年）にオランダで初の大会が開かれ、1980年（昭和55年）のアーネムパラリンピックで正式競技となりました。ただし、このときはまだ男子のみで、女子のシッティングバレーボールが加わったのは、2004年（平成16年）のアテネパラリンピックからです。この競技における日本チームのメダル獲得は、まだありません。

対象障害は肢体不自由（下肢障害など）。2020年の東京パラリンピックにおける競技会場は、幕張メッセが予定されています。

ゴール前で激しい攻防を繰り広げる選手たち

## 車椅子バスケットボール

車椅子バスケットボールは、下肢などに障害のある選手が、競技用車いすを巧みに操作しながらプレーするバスケットボールです。コートの大きさやゴールの高さなど、基本的なルールは一般のバスケットボールと同じですが、車いすの特性を考慮して、ボールを持ったまま2プッシュまで車いすをこぐことが認められています（連続して3プッシュ以上こぐとトラベリング）。また2プッシュのあとでドリブルをすれば、さらに2プッシュすることができるため、一般のバスケットボールのダブルドリブルは適用されません。

使用する車いすは、素早く動け、また回転しやすいバスケットボール専用の車いすが使われます。激しい攻防やスピーディーなパスワークが魅力で、1960年（昭和35年）にローマで開催されたパラリンピック第1回大会から実施されており、現在でも最も人気のある競技の一つです。

競技技術はもちろん、車いすの操作性も勝敗を分ける重要なポイントです。選手の障害に応じて持ち点（1・0点から0・5点きざみで4・5点まで）が定められ、1チーム5人の持ち点の合計が14・0点以下でなければならないという規定があり、チーム編成に工夫が求められます。

試合では選手同士が接近して車いすがぶつかることがたびたびあるため、使用される競技用車いすは、前方（床から11センチの位置）に足を保護する「バンパー」が取り付けられ、同時に転倒時にフロアーに傷がつかないような工夫がなされています。

車椅子バスケットボールは、第二次世界大戦後の1940年代に、アメリカとイギリスでほぼ同時に誕生したスポーツです。アメリカでは、戦争で負傷した軍人が中心となって広まりました。同じころ、イギリスでもリハビリテーションの一つとして、車椅子バスケットボールが取り入れられるようになったといわれています。

対象障害は肢体不自由（下肢障害）。2020年の東京パラリンピックでは、新設される武蔵野の森総合スポーツ施設と、同じく新設の有明アリーナ（決勝のみ）が競技会場になる予定です。

この競技では、1984年（昭和59年）のニューヨーク＆エイルズベリー大会で、日本の女子チームが銅メダルを獲得したほか、2000年（平成12年）のシドニーパラリンピックでも、日本の女子チームが銅メダルを獲得しています。

## 車いすフェンシング

車いすを使ったフェンシングです。「ピスト」と呼ばれる台に車いすを固定して行い、ユニフォームや剣、マスクなどは、一般のフェンシングと同じものを使用します。

種目は、男女それぞれで個人戦、団体戦が行われるフルーレ（メタルジャケットを

身体をいっぱいに伸ばして相手を攻撃する

着た胴体のみの突き）とエペ（上半身の突き）、男子の個人戦のみ行われるサーブル（上半身の突きと斬り）があります。選手は障害の程度によってA級・B級にクラス分けされ、クラスごとに競技を行います。ルールは一般の競技規則に準じています。

この競技の特徴は、座った姿勢で行うために健常者のフェンシングのような足を使ったフットワークができず、剣さばきの速さや巧みさが勝負を分けるポイントになることです。お互いに相手の隙をついて、目にも止まらぬ速さで攻撃します。また、剣を持たないほうの腕にも注目。車いすのアームレスト、をつかんで身体を支え、攻撃するときにはいっぱいに伸ばし、防御のときにはたたみ、上半身の動きを助けます。

車いすフェンシングは、ストーク・マンデビル病院のルードヴィッヒ・グットマン医師によって導入された競技で、１９６０年（昭和35年）にローマで開催されたパラリンピック第１回大会から正式競技として行われています。特にヨーロッパで盛んな障害者スポーツです。

日本は１９６４年（昭和39年）の東京大会で銀メダル１個を獲得したのち、さらなるメダル獲得には至っていませんが、１９９６年（平成８年）のアトランタ大会から２００８年（平成20年）の北京大会まで、４大会連続で出場を果たしています。

対象障害は肢体不自由（下肢障害）。２０２０年の東京パラリンピックにおける競技会場は、幕張メッセを予定しています。

## ウィルチェアーラグビー

パラリンピックの中で、最も激しいボディコンタクトのある競技です。車いす同士がぶつかるタックルが認められているため、激しい衝突に耐えられる頑丈な競技用車いすを使用し、ボールは丸い専用球を使います。頸髄（けいずい）損傷や機能障害など、四肢に障害のある選手たちが、巧みな車いす操作でゴールを狙います。

車椅子バスケットボールと同様に、選手には障害の程度に応じた点数（0・5〜3・5点）の持ち点が与えられ、1チーム4人の持ち点の合計が8点を超えてはならないというルールがあります。4人の中に女子選手が含まれる場合は、0・5点の追加ポイントが許可されるため、チームの合計が8点を超えることが許されます。

どのような選手を組み合わせるかがチーム編成の妙味となり、「ローポインター」と呼ばれる障害の重い選手には、ボールのないところで相手の車いすを止めるなどの役割が与えられるため、試合中はコート全体から目が離せません。攻撃側は、ボール

激しいぶつかり合いも魅力の一つ

を持ってから12秒以内にセンターラインを越えなくてはならないルールがあるため、試合展開は非常にスピーディーです。

ボールは、バレーボール球を参考に開発された専用球で、蹴る以外の方法（投げる、打つ、ドリブル、転がすなど）でボールを運びます。膝の上に載せて運んでもOKです。通常のラグビーとは違い、前方へのパスが認められています。ボールを保持した選手の車いすの車輪が、二つのパイロン間のゴールラインを越えると得点です。試合はバスケットボールのコートを使用して行われ、8分間のピリオド4回で、合計得点の多いほうが勝利となります。

ウィルチェアーラグビーは、1977年（昭和52年）にカナダでバスケットボール、ラグビー、アイスホッケーなどの要素を採り入れて考案された障害者スポーツです。1982年（昭和57年）に、初の国際大会がアメリカとカナダの間で行われました。1996年（平成8年）のアトランタパラリンピックで公開競技として披露され、2000年（平成12年）のシドニーパラリンピックから公式競技となりました。

この競技における日本のメダル獲得はまだありませんが、2015年（平成27年）のアジア・オセアニアチャンピオンシップにおいて、日本チームは2012年（平成24年）のロンドンパラリンピック優勝チームであるオーストラリアを破るという快挙を成し遂げ、世界ランキングを3位に上げました。リオデジャネイロパラリンピックでのメダル獲得が有望視されている競技です。

この競技は、登場当初、その激しさから「マーダーボール（殺人球技）」と呼ばれており、2005年（平成17年）には同名のドキュメンタリー映画がアメリカで制作されています。

対象障害は肢体不自由（上下肢障害）。2020年の東京パラリンピックにおける競技会場は、1964年（昭和39年）の東京オリンピック大会のために作られた、国立代々木競技場が予定されています。丹下健三氏設計の吊り屋根で知られるオリンピックレガシーです。

## 車いすテニス

車いすテニスは、ツーバウンドでの返球が認められていること（ツーバウンド目はコート外でもよい）以外は、一般のテニスと同じルールで行われます。コートの広さやネットの高さも同じです。

男女別のシングルス、ダブルスのほか、障害の程度が重く、男女混合のクァード（四肢麻痺）クラスのシングルスとダブルスがあります。握力が弱いため、テーピングでラケットと腕を固めている選手や電動車いすでプレーする選手、体温調節が効かず汗をかけないために首を冷やす選手など、選手たちはルールで許される範囲でさまざまな工夫をこらしています。

選手はさまざまな技術を使って相手のコートに正確にボールを打ち返し、お互いに得点を競います。テニスの技術と同時に、車いすをコントロールする技術も必要で、実際の試合では、車いすの素早い動きや頭脳的なプレーで観客を魅了します。

車いすテニスは1992年（平成4年）のバルセロナパラリンピックから正式競技となりました。現在はパラリンピックのほか、プロテニスの4大大会「全豪オープン（オーストラリア）」「全仏オープン（フランス）」「ウインブルドン（イギリス）」「全米オープン（アメリカ）」にも車いすテニス部門が設けられています。

この競技における日本の代表的な選手としては、男子の国枝慎吾選手と、女子の上地結衣選手が挙げられます。

国枝選手は2004年（平成16年）のアテネ大会からパラリンピックに出場し、ダブルスで金メダルを獲得しました。その後、世界ランキング1位になると、2007年にはグランドスラム（当時は全豪オープン、ジャパンオープン、ブリティッシュオープン、全米ウィルチェアの4大会）を達成。翌2008年（平成20年）の北京大会ではダブルスで銅メダル、シングルスで金メダルを獲得。2012年（平成24年）のロン

上地結衣選手

ドン大会では、シングルス2連覇を果たしています。

上地選手は14歳のときに、史上最年少で日本ランキング1位になるなど、早くから頭角を現し、2013年にはマスターズシングルスで優勝、2014年には全仏オープンでのシングルス・ダブルス優勝のほか、ダブルスで年間グランドスラムを達成するなど、素晴らしい成績を残しています。パラリンピックでは、2012年（平成24年）のロンドン大会に出場し、8位入賞を果たしています。

車いすテニスの対象障害は肢体不自由（上下肢障害）。2020年の東京パラリンピックにおける競技会場は、有明テニスの森が予定されています。緑に囲まれた48面のテニスコートと、スライド式開閉屋根を持つ「有明コロシアム」を備えた、日本のテニスの聖地です。

## バドミントン

バドミントンは、2020年の東京パラリンピックで初めて正式競技となります。そのため、具体的なルールや障害区分などはまだ決まっていませんが、脊髄損傷などの「車いす」と機能障害などの「立位」に分かれ、障害の程度によって区分されたクラスごとのメダルを争うようになることが予想されています。

ルールはオリンピックのバドミントンとおおむね同じで、1ゲーム21点マッチ方式で3ゲーム行い、2ゲーム先取で勝利。車いすを使用するシングルスは、コートを半面にして行ったり、シャトルを打つ瞬間は競技者の胴体の一部分が車いすのシートに接していなければならなかったりといった、特別なルールもあります。

車いすのクラスのシングルスは半面で行われるため、全面コートの試合より攻撃のテンポが速くなります。車いすのチェアワークと同時に、バドミントンの基本技術と配球を読む力が求められます。

バドミントンは、19世紀半ばごろにイギリスで誕生した球技で、1934年（昭和9年）にイギリス、カナダ、ニュージーランド、デンマーク、オランダ、フランスの各国により、IBF（国際バドミントン連盟）が設立されました。

2020年の東京パラリンピックでは、国立代々木競技場を使用する予定です。

## テコンドー

テコンドーは跆拳道（たいけんどう）とも呼ばれる格闘技で、「蹴る」ことに特化した韓国の国技です。日本の空手を原型とした武術といわれています。選手はヘッドギア、ボディープロテクターなどを装着して、かかと落としや後ろまわし蹴りなどの足技で戦います。

障害者スポーツとしてのテコンドーは、2005年（平成17年）に世界テコンドー連盟内にパラテコンドー委員会が設置され、2009年（平成21年）に初の世界パラテコンドー選手権がアゼルバイジャンのバクーで開催されました。以降、毎年世界選手権が実施されており、2015年（平成27年）に国際パラリンピック委員会が2020年東京パラリンピックで正式競技として行うことを決定しました。

現在は「キョルギ（組手。身体障害のある選手）」と、「プムセ（型。知的障害のある選手）」の2種目があります。

勝敗は得点と減点の集計による場合と、ボクシングのようにKO負けとなる場合があり、胴に蹴りが入ったら1点、そこに回転が加わると3点が入ります。現在のルールでは頭への攻撃は認められておらず、パンチは得点になりません。

テコンドーの、2020年の東京パラリンピックにおける競技会場は、幕張メッセが予定されています。

## 冬の競技

### アルペンスキー

ウインタースポーツの花形と呼ばれるアルペンスキー。パラリンピック種目では、高速系種目の滑降（ダウンヒル）、スーパー大回転（スーパーG）、技術系種目の大回転（ジャイアントスラローム）、回転（スラローム）、そして、スーパー大回転と回転1本ずつの合計タイムで順位が決まるスーパー複合（スーパーコンビ）の5種目が行われます。

選手は立位、座位、視覚障害の三つのカテゴリーに分けられ、勝敗は実測タイムに障害の程度に応じて設定されている係数を掛けた計算タイムで決まります。2014年（平成26年）のソチパラリンピックからは、複数の選手が同時に滑るスノーボード

チェアスキー

森井大輝選手

クロスが正式種目に加わりました。この競技のカテゴリーは、男女の立位のみです。

特に人気があるのは「チェアスキー」と呼ばれるマシンを使用して行う座位カテゴリーで、時速１００キロを超える猛スピードで雪面を滑り降ります。この部門の日本チームは世界トップレベルで、２０１４年（平成26年）のソチパラリンピックでは、狩野亮選手が高速系2種目で金メダル、鈴木猛史選手が回転で金メダルを獲得しています。選手団主将の森井大輝（もりいたいき）選手はスーパー大回転で銀メダルを獲得していますが、森井選手は２０１５－２０１６年シーズンで、ＩＰＣ（国際パラリンピック委員会）アルペンスキー・ワールドカップにおける男子シッティングカテゴリー総合優勝、大回転優勝、回転優勝と三つのトロフィーを獲得しました。「獲ってないメダルはパラリンピックの金だけ」といわれる森井選手の２０１８年ピョンチャンパラリンピックでの活躍が期待されます。

視覚障害カテゴリーの選手は、前方を滑る「ガイド」の音声によるサポートを受けて競技する選手もいます。

音式スコープを使って照準を合わせる

バイアスロン

クロスカントリースキーのフリー走法に射撃競技を組み合わせた複合競技が、バイアスロンです。パラリンピックでは、距離別にショート、ミドル、ロングの3種目が行われます。ショートとミドルは、射撃を外した回数だけペナルティループを回り、ロングは1発外すごとにタイムが1分加算されます。

選手は立位、座位、視覚障害の三つのカテゴリーに分けられ、各カテゴリーで競技を行います。射撃はすべて伏射で行い、立位と座位の選手はエアライフル、視覚障害の選手は音を使ったビームライフルを使用します。勝敗は、アルペンスキー同様、実測タイムに障害の程度に応じて設定されている係数を掛けた計算タイムで決まります。

視覚障害の射撃は、目で見るスコープに代わって、音で照準の合ったことを知らせる音式スコープという装置を使います。的から遠いときには「ドッドッドッ」という音がして、標的に近づくにつれて「トトト」という細かく高い音に変わります。照準が的にぴたりと合うと「ピーッ」という非常に高い音になるので、その瞬間を素早く聞き分けて撃ちます。

射撃を外した回数だけペナルティがあるため、選手たちは満射を狙ってハイレベルな戦いを繰り広げます。持久力と集中力が求められる過酷な競技といえます。

1998年（平成10年）の長野パラリンピックでは、小林深雪選手が視覚障害クラスで金メダルを獲得しています。また、2014年（平成26年）のソチパラリンピックでは、地元ロシアが圧倒的な強さを発揮する中で、男子座位の久保恒造選手がバイアスロン・ショートで銅メダルを獲得しました。

## クロスカントリースキー

1976年（昭和51年）のエーンシェルドスピーク大会で初めて実施された競技です。パラリンピックのクロスカントリースキーには、「クラシカル」「フリー」「スプリント」「リレー」の各種目があります。選手は立位、座位、視覚障害の3カテゴリーに分けられ、カテゴリーごとに競技を行います。

勝敗はアルペンスキー同様、実測タイムに障害の程度に応じて設定されている係数を掛けた計算タイムで決まります。視覚障害カテゴリーの選手は、前方を滑る「ガイド」の音声によるサポートを受けて競技する選手もいます。ガイドは選手の前を滑りながら、声でコースやカーブ、下り、上りを伝えますが、選手の身体に触れることは原則として禁止されています。

座位カテゴリーの選手は、2本のスキーにフレームを取り付けた「シットスキー」に乗り、あらかじめ雪面につけられたレール内を滑走して競技します。推進力は腕力

シットスキー

のみですが、障害によってさまざまなスタイルがあります。腹筋に力の入る選手は、正座スタイルのシットスキーを使用している場合が多いようです。前の選手を追い越すときは「バンフライ」と声をかけます。声をかけられた選手は、コースを明け渡さないと失格になります。

立位カテゴリーと視覚障害カテゴリーでは、専用のカッターで作られた2本の溝を滑る「クラシカル」と、主にスケーティング走法を用いる「フリー」の2種目が行われます。クラシカルはスキーを交互にキックして進むダイアゴナル滑走（交互滑走）が中心で、そのほかダブルポールで押す推進滑走などがあります。スケーティング走法は禁止です。

フリーでは、スキーを逆ハの字に開いて片方の足をスケートのようにキックするスケーティング走法が用いられます。クロスカントリーでは、これが最も速い走法です。斜面に応じたいろいろなテクニックがあり、選手による違いを見分けるのも楽しみの一つとなります。

「スプリント」は個人競技です。まず予選が行われますが、ここでは実測タイムに障害の程度に応じた係数をかけた計算タイムを算出し、これにより決勝ラウンド進出者を決定します。決勝ラウンドは複数にわたり、障害の程度によりタイム差をつけてスタートして、先着順で次のラウンドへ進む選手が決まります。

「リレー」は、1チーム4名で行うチーム戦で、勝敗はリアルタイムで行いますが、4選手の係数の合計に上限を設け、できるだけ障害の程度差による不公平がないようにしています。また、リレーには男女混合の「ミックス」と、男女それぞれの「オープン」があります。

この競技における日本選手は、1998年（平成10年）の長野パラリンピックで銀1、銅1、2002年（平成14年）のソルトレイクシティパラリンピックで銅1、2010年（平成22年）のバンクーバーパラリンピックで金2、銀1のメダルを獲得しています。

激しい攻防を繰り広げる選手たち

アイススレッジホッケー

アイススレッジホッケーは、脊髄損傷や切断など下肢に障害のある選手が「スレッジ」と呼ばれる専用ソリに乗り、短いスティックのグリップエンドについている駆動用の刃で前に進むアイスホッケーです。

1チーム6名の選手が氷上でプレーでき、交代は自由なため6名全員が一度に交代することもあります。試合時間は1ピリオド15分を3ピリオド、合計45分です。「氷上の格闘技」と呼ばれるほどの激しいコンタクトや、鮮やかにゴールを奪う華麗なプレーなどが見どころで、人気の高いウインタースポーツ競技です。

グリップエンドで氷を押しながら勢いをつけ、スティックを持ち替えてブレード部分でパスやシュートを繰り出すという巧みなスティックワークは、一般のアイスホッケーにはない魅力です。

この競技で日本チームは、2010年（平成22年）のバンクーバーパラリンピックで銀メダルを獲得しています。

## 車いすカーリング

長野オリンピックから日本でも急激に人気の出てきたカーリング。パラリンピック種目である車いすカーリングは、車いす使用者によるカーリングで、カーリングの特徴であるスウィーピング（ブラシで掃くこと）を行わず、助走することなく手またはキュー（棒状の補助具）を使ってストーンをリリースする競技です。

試合は2チームによる対戦形式で、1チーム4名。女子選手を必ず入れなければばい

キューを使用したリリース

けないというルールがあります。1試合は8エンドで、1エンドにつき各選手2個ずつストーンが与えられ、各チーム交互にハウスと呼ばれる円に向かってストーンを滑らせます。各エンドの勝敗は、ストーンをハウスの中心に最も近づけたチームが勝ちとなり、ハウスから最も近い負けチームのストーンよりも内側にある勝ちチームのストーンの数が得点となります。これを8エンド繰り返し、総得点で勝敗を決めます。

キューを使うのは、ストーンを高い姿勢からでも投げやすいようにするためで、車いすが動かないように、仲間が後ろから支えることも認められています。

一般のカーリングと違ってスウィープがない分、いかに氷の状態を読んで正確なショットを放てるかが勝負の分かれ道になります。

2006年（平成18年）のトリノパラリンピックから正式種目となり、日本では2004年（平成16年）から「日本車椅子カーリング選手権」が行われています。

## 過去に行われていた競技

### ダーチャリー

ダーチェリーとも呼ぶ競技で、1976年（昭和51年）年のトロントパラリンピックまでは正式競技として行われていました。洋弓を使って矢を的に当てるところはアーチェリーと同じですが、的までの距離がアーチェリーより近く、的がダーツのようなものであるところが違います。ルールもアーチェリーとは違った独特のものを使います。

1964年（昭和39年）の東京パラリンピックでは、松本毅・安藤徳次組がダブルスで銅メダルを、1968年（昭和43年）のラマットガンパラリンピックでは松本久生、田中義則組がダブルスで銅メダルをそれぞれ獲得しています。

## スヌーカー

パラリンピックで過去7回採用されていたビリヤードの一種です。ビリヤードは大別すると「ポケットビリヤード（プールとも呼びます）」「キャロムビリヤード」「スヌーカー」の3種目がありますが、この中のスヌーカーだけが「車いすスヌーカー」としてパラリンピックに採用されていました。

パラリンピックの第1回大会である1960年（昭和35年）のローマパラリンピック以降、5回連続で採用され、1980年大会では採用されませんでしたが、1984年と1988年で連続して正式種目になりました。その後、今に至るまで採用されていません。

ビリヤードのうちで日本でポピュラーなのは「ポケット（プール）」ですが、スヌーカーはテーブルの大きさや球のサイズなど、すべてが違います。ポケットビリヤードのテーブルに比べるとかなり大きく、逆に球は小さく、穴も小さくなっています。

ルールは、6個のカラーボールと15個の赤球で競技を行い、赤球とカラーボールを交互に穴に入れるように突きます。赤球は1ポイントで、カラーボールは色によって点数が異なり、黒が最高の点数です。

基本的なルールは一般のものと同じですが、車いすの競技であることを考慮して、一部が変更されています。スヌーカーに限らず車いすビリヤードは、健常者と障害者が一緒にプレーすることのできるスポーツとして注目されています。

ローンボウルズ

「ボウル」と呼ばれる偏心球を、できるだけ目標球のそばに近づけるようにして競う球技です。パラリンピックでは、1968年（昭和43年）のラマットガン大会以来、1996年（平成8年）のアトランタ大会まで、1992年（平成4年）のバルセロナ大会を除くすべての大会で、この競技が行われました。

ローンボウルズはイギリス発祥のスポーツで、ボウリングのルーツです。オーストトラリアやカナダ、ニュージーランドといったかつての大英連邦諸国で人気があり、「ボウルズ」「ローンボウリング」などとも呼ばれます。

## アイススレッジスピードレース

氷上においてそり（スレッジ）に乗って行われる障害者スポーツです。座位のスピードスケート競技で、トラック競技です。下肢などに機能障害のある選手のみを対象としており、アイススレッジホッケーとともに「アイススレッジ競技」と呼ばれます。使用するそり（スレッジ）はアイススレッジホッケーのものとほぼ同様ですが、アイススレッジホッケーは激しい接触プレーを前提にしているため、強度などの点でかなりの違いがあります。

前進するためには、先端にスパイク状の突起がついているストックを使用し、氷をかいて進みます。ストックはスキー競技のものと同じような長さですが、氷に全力で突き立てて推進力とするため、強度や材質・構造にはかなりの違いがあります。

競技は400メートルのトラックで行われ、おもなクラス分けと種目は次のとおりです。

クラス分けは、LW（下肢障害）10とLW11。

距離は100メートル、500メートル、1000メートル、1500メートル。

また、各クラスごとに4種目通算の合計得点を競う複合競技も行われていました。

1980年（昭和55年）のヤイロパラリンピックから行われており、1984年のインスブルックパラリンピックで正式競技となりました。なお、1992年（平成4年）のアルベールヴィルパラリンピックで中断されたものの、続くリレハンメルパラリンピックで正式採用されました。

1998年（平成10年）の長野パラリンピックでは、土田和歌子選手らの金メダル獲得で話題となりましたが、参加国と競技人口が少ないことを理由に、長野パラリンピックを最後に正式競技から外されてしまいました。

## 車いすスラローム

車いすの操作を向上させるために考案された競技です。全国障害者スポーツ大会では、今も行われています。

現在の競技は、全長30メートルのまっすぐな走路に置かれた赤白の旗門を、車いすで前進、後退しながら通過し、タイムを競う競技です。かつては車いすと電動車いすを分けていましたが、2008年（平成20年）からコースが工夫されて速度の差が勝敗に関係しないようになり、一つの競技になりました。

東京パラリンピック（1964年）で行われた車いすスラロームの様子

走路の幅は130センチ、旗門の間隔はすべて2メートルで、白の旗門は前進で、赤の旗門は後退で通過しなくてはなりません。スタートから6メートル地点と18メートル地点のコースの真ん中にある旗門は、左右どちらから進入してもかまいませんが、一つめの旗門を右回りで1周した場合は、二つめの旗門を左回りで1周して通過する必要があります。

旗門に触れたり倒したりした場合は、一つにつき5秒のペナルティが加算されますが、一度触れた旗門に再び触れても加算はありません。

通過の方法を間違えたままゴールすると失格になりますが、ゴールする前に戻ってやり直すことは許されています。ただし、その際に他の選手の妨害をすると失格です。

日本選手はかつてこの種目を得意としており、たとえば1968年（昭和43年）のラマットガン大会では、古川久四選手が金メダル、江川幹夫、新井賀代子選手が銀メダル、菅牧夫、土屋輝好、左近充光明選手が銅メダルを獲得しています。

## これからの採用が期待される競技

### 電動車いすサッカー

電動車いすで行うサッカー競技で、英語では「パワーチェアフットボール」、北米では「パワーサッカー」などと呼ばれています。

試合時間は前後半それぞれ20分ずつで、ゴールキーパー1名を含む4人のチームで対戦し、時間内に得点した数が多いほうが勝ちです。なお、男女の区別はありません。

基本的な競技規則はサッカーやフットサルと似ていますが、独特のルールとして、ボールを保持している競技者1人に対して、相手チームの競技者が2人以上、半径3メートル以内のエリアに入ってプレーに関与すると、「2オン1」という反則となります。また、自陣ゴールエリア内に守備側チームの競技者が3人入ると反則となります。

車いすにはフットガードが装着され、国際大会では時速10キロ以下で走行し、シートベルトを着用しなければなりません。

コートは屋内コートを使用し、バスケットボールと同じ15メートル×28メートルの大きさです。ゴールには2本のポールまたはパイロンを置き、ゴールエリアの大きさは幅8メートル、奥行5メートルです。ボールは標準的なサッカーボールよりも大きなものを使用します。

## 車いすダンス

今から60年ほど前にイギリスで誕生した競技です。はじめのうちは車いす使用者同士で踊るデュオ方式でしたが、のちに車いす使用者と健常者が一緒に踊るコンビスタイルが考案され、これが世界中に普及しました。これまでに世界選手権など数多くの大会が開催されています。

## 障害者ゴルフ

上肢や下肢の喪失、片麻痺、聴覚障害、視覚障害を持つ選手によるゴルフ競技です。ルールは基本的に一般のゴルフと同じですが、障害者向けにルールが一部変更されています。たとえば視覚障害の競技者の場合、介添え者による手助けを受けたり、「ハザード内の地面にクラブを付けて良い（バンカーで地面にソールを着けても良い）」といった特例があります。

２００９年（平成21年）にゴルフがオリンピックの正式種目に採用されましたが、これに伴って「障害者ゴルフをパラリンピックの正式種目にする」という気運が高まりました。しかし現在に至るまで、パラリンピックでの正式種目への採用は決まっていません。

## グランドソフトボール

視覚障害者が行う野球競技のことで、以前は「盲人野球」と呼ばれていましたが、1994年（平成6年）に「グランドソフトボール」と改称されました。「野球」から「ソフトボール」に変わった理由は、ルールがソフトボールのものを基本としているためです。

ハンドボール大のボールを投手が転がし、打者がバットで打ってゲームが進行します。守備で遊撃手が2名いるのが特徴で、通常の野球より1人多くなるため、1チーム10人で試合を行います。

チームには必ず全盲者が4人以上含まれる必要があり、全盲者はアイマスクをつけて競技を行います。また、全盲であることを明確にするため、袖に赤い腕章をつける必要があります。

日本生まれのスポーツで、現在全国障害者スポーツ大会で実施されています。

# 第4章　知られざるパラリンピックの世界

## パラリンピックならではの難問

### クラス分けのルールと難しさ

パラリンピックの大きな特徴といえば、障害の度合いに応じて階級を分けたり、持ち点を決めて団体競技のルールを定めたりする「クラス分け」でしょう。オリンピックの競技にも「男女別」や「体重別」のようなクラス分けはありますが、パラリンピックほど細かく分けられてはいません。

たとえばパラリンピックの陸上競技における100メートル競走では、障害のクラス分けがあるために、男女合わせて29個の金メダルが存在します。そのため、メダルの価値が低くなってしまうという議論があります。

メダルの価値を高めるためには、クラス分けを少なくすればよいのですが、そうすると障害の有利不利による不公平が浮上してきます。このように、パラリンピックは常に「競技の公平性」と「メダルの価値」のバランスを取らなくてはならないという、きわめて難しい選択を突きつけられていることになります。

基本的に、パラリンピックの各競技種目は、条件の似通った選手同士で競い合えるように、障害の種類や部位、障害の程度によるクラス分けが行われています。クラス分けは競技種目によって異なりますが、たとえば陸上競技では「視覚障害」「肢体不自由」「知的障害」などに大別され、次に肢体不自由の原因が脊髄損傷か脳性麻痺か手足の切断かなどで区分され、さらに障害の軽重が種目におよぼす影響で階級化されます。

昔は障害によってクラスを分ける医学的な分類のみが行われていましたが、今はそれに加えて、機能的なクラス分けが行われるようになりました。機能的なクラス分けというのは、簡単にいうと「できることは何か」ということです。身体のどの部分がどのように動かせるのか、実際に動くところで分類していきます。より総合的な判断に変わってきたといえます。

クラス分けは公平にするためのルールですが、実際には公平を保つのが非常に難しく、常に選手たちから不平不満が出ています。クラス分けを実行する人を「クラシファイアー」といいますが、これは一定の資格を受けた人だけが行うことができ、その実力によってランクがあります。パラリンピックのような国際大会におけるクラシファイアーは、経験豊富で能力のある人が選ばれています。

クラス分けは最初に身体の各部の機能を見るベンチテストが行われ、クラシファイアーがチェックしてクラスを定めます。しかし、能力が低いように見せかけている選手がいるかもしれないので、必ず実際のゲームでもチェックします。「なんだ、動かせるじゃないか」となったときは、クラスが変更されます。

それでもクラス分けによる悲劇は常にあり、たとえばある日本人選手は、クラス分けが変更された途端に、それまでたくさん取れていた金メダルが、一つも取れなくなりました。

陸上競技のトラック種目などでは、非常に細かくクラス分けが設けられていますが、柔道はオリンピックと同様に体重別のクラス分けだけです。これは柔道が視覚障害者のみによる競技であるためです。

また、アルペンスキーとノルディックスキーは、かつては障害の部位や程度によるクラス分けを採用していましたが、トリノパラリンピック以降、立って滑る立位、座って滑る座位、視覚障害の3カテゴリーのみとなりました。ただし、同一カテゴリー内の障害の程度による各選手の有利・不利については、タイムを障害の重さによって決められた係数によって計算し、加工することで、公平性を保っています。

チームスポーツの多くには、持ち点制が導入されています。障害の重い選手は持ち点が低く、障害の軽い選手は持ち点が高く設定されています。そして1チームの持ち点合計に上限が定められていて、すべての選手を障害の軽い選手だけで構成することができないようになっています。

たとえば脊髄損傷の選手と下肢切断の選手が対戦する場合、下肢切断の選手は腹筋があって身体のバランスもいいため、キビキビと動けますが、脊髄損傷の選手は転倒すると起き上がることすら困難なことがあります。

そのため、チームの公平性と障害の重い選手の出場機会を担保するという二つの目的から、持ち点制度が考えられました。

持ち点制度はチーム編成や戦略にも大きな影響を与えます。同じ程度の障害の選手で固めるか、障害の重い選手と軽い選手でバランスを取るか。選手の個性やチームの狙うものによってさまざまな組み合わせが考えられます。

また、一つのチームである持ち点の選手が多いと、選手層の薄い点数の選手がゲームに出やすくなるといったことも起こります。

さらにゲーム上の戦略では、相手チームの障害の軽い選手を、こちらの障害の重い選手でブロックするといった作戦がよく取られます。そうすることで、チームバランスをこちらに有利にするためです。ほかにもいろいろな作戦があり、そういう知識があると、ゲームの観戦が一層興味深くなるはずです。

## 陸上競技のクラス分けの例

パラリンピックの陸上競技では、3桁(けた)の記号でクラス分けを表しています。正確に説明すると非常に複雑になるために簡略化して解説しておきます。

最初の桁は競技種類を表します。Tはトラック競技で走競技と跳躍競技。Fは投擲(とうてき)競技で砲丸投げや円盤投げ、やり投げです。

2番目の桁は障害の種類で、次のような区別があります。

1　視覚に障害のある立位競技者
2　知的障害のある立位競技者
3　脳原性麻痺のある立位競技者と車いすや投擲台を使用する競技者など
4　低身長、脚長差、切断、関節可動域制限、筋力低下などの障害のある立位競技者

5　脚長差、切断、関節可動域制限、筋力低下などの障害のある車いすや投擲台を使用する競技者

3番目の桁は障害の程度で、0から9の番号が振られます。番号が小さいほど障害の程度が重くなります。

たとえば「T53」は、トラック競技または跳躍競技で、脚長差、切断、関節可動域制限、筋力低下などの障害のある車いすや投擲台を使用する、障害程度3の競技者です。

アルペンスキーのクラス分けの例

アルペンスキーの場合、クラス分けは大きく立位と座位、視覚障害に分かれ、立位は次の11クラスに分けられます。

ＬＷ１　両下肢に重度の障害を持つ選手（例：両大腿切断で義足使用）２本のアウトリガーまたはストック＋１本あるいは２本のスキー板を使用
ＬＷ２　片下肢に重度の障害を持つ選手（例：片大腿切断）２本のアウトリガーまたはストック＋１本のスキー板（例外あり）を使用
ＬＷ３　両下肢に障害を持つ選手（例：足首関節以上の両下腿切断、中度から軽度の両麻痺）２本のストック＋２本のスキー板を使用
ＬＷ４　片下腿に障害を持つ選手（例：片下腿切断で義足使用・片側膝関節の固定）２本のストック＋２本のスキー板を使用
ＬＷ５／７－１　両上肢に障害を持つ選手（例：両上腕切断・両上肢麻痺）ストックなしで２本のスキー板を使用
ＬＷ５／７－２　両上肢に障害を持つ選手（例：片側上腕切断＋片側前腕切断）ストックなしで２本のスキー板を使用
ＬＷ５／７－３　両上肢に障害を持つ選手（例：両前腕切断）ストックなしで２本のスキー板を使用

LW6／8－1　片上肢に障害を持つ選手（例：片側上腕切断・片側上肢の完全麻痺で固定）　1本のストック＋2本のスキー板を使用

LW6／8－2　片上肢に障害を持つ選手（例：片側前腕切断・片側上肢の麻痺で未固定）　1本のストック＋2本のスキー板を使用

LW9－1　片上肢および片下肢に重度の障害を持つ選手（例：片上肢および片大腿切断）　自ら選択した用具を使用

LW9－2　片上肢および片下肢に障害を持つ選手（例：片上肢および片下腿切断）　自ら選択した用具を使用

座位は次の5クラスに分けられます。

LW10－1　下肢および上部腹筋の機能がなく、座位バランスがない選手（例：脊髄損傷・脳性麻痺）　チェアスキーを使用

LW10－2　下肢の機能障害および上部腹筋に軽度の機能障害があり、座位バラン

スが不良の選手（例：脊髄損傷・脳性麻痺）　チェアスキーを使用

ＬＷ11　下肢に機能障害があり、座位バランスが中程度の選手（例：脊髄損傷・脳性麻痺）　チェアスキーを使用

ＬＷ12－１　下肢に機能障害があり、座位バランスが良好な選手（例：脊髄損傷）　チェアスキーを使用

ＬＷ12－２　下肢に何らかの切断がある選手（例：両大腿切断）　チェアスキーを使用

視覚障害には３クラスあります。

Ｂ１　視力０から、光を感じられる程度の選手

Ｂ２　視力が０・０３までか、視野が５度まで、あるいはその両方の選手

Ｂ３　視力が０・０１までか、視野が20度まで、あるいはその両方の選手

## パラリンピックのドーピング問題

パラリンピックの競技を公平なものに保つために重要なのは、クラス分けとともにドーピング対策です。いくらクラス分けが公正になされていても、選手が禁止されている薬物で機能を高めてしまったら、何にもなりません。

ドーピングは、はるか昔の古代ギリシャから存在していたといわれます。古代のオリンピックで興奮剤を用いて良い成績を収めようとしたとのことで、19世紀には競馬で勝つため馬に麻薬や興奮剤を投与した例があるそうです。

具体的な記録に残された最古のドーピングは、1865年にアムステルダムで行われた水泳大会です。翌年のフランスで行われた自転車レースでは、ドーピングによる選手の死亡が認められました。

1928年（昭和3年）には国際陸上競技連盟が興奮剤の使用を禁止しましたが、当時の技術では有効なドーピング検査ができず、実効性の乏しいものでした。そして

1960年（昭和35年）のローマオリンピックで、自転車競技の選手が興奮剤の使用で競技中に死亡し、オリンピックにおける初のドーピング死亡者となりました。

1999年（平成11年）に世界アンチ・ドーピング機構（WADA）が設立され、IOCに代わってドーピング検査を始めます。翌年のシドニーオリンピックから血液検査が実施され、その翌年には日本アンチ・ドーピング機構（JADA）が設立されました。そして2003年には、世界ドーピング防止規程（WADAコード）が採択され、厳しく取り締まられています。

なぜドーピングが厳しく追及されるかといえば、次の四つの理由からです。

1　スポーツの価値を損なうため

2　フェアプレーの精神に反するため

3　健康を害するため

4　反社会的行為が社会や青少年に悪影響をおよぼすため

幸いにも、わが国では悪質なドーピングの事例はあまり出ていません。日本人が公正さを好むからなのか、発覚すると恥ずかしい思いをするからなのか、理由は定かではありませんが、もしかすると武士道の精神がDNAに組み込まれているからなのかもしれません。

以上が健常者のスポーツにおけるドーピングの歴史ですが、パラリンピックの世界には障害者スポーツならではのドーピング問題があります。それは、障害によってはWADAコードで禁止されている薬を健康維持のために服用しなければならない選手がいるということです。

こうした問題に対処するため、「TUE（治療目的使用に係る除外措置）」と呼ばれる措置があります。これは、病気の治療や生存のために必要な薬を服用している選手は、事前に申請手続きを行って認められれば、禁止物質や禁止方法に抵触してもドーピングには問われないというものです。「TUE」は脳性麻痺や知的障害、視覚障害の選手に介助者がついて競技を行うのと同様の措置であると考えられています。

一般にドーピングは禁止薬物の摂取だと考えられていますが、それ以外の方法もあります。たとえば車いすの選手が身体をストラップで締め上げて血圧を上げる「ブースティング」と呼ばれる方法が知られています。血圧を上げると反射神経や筋肉の働きが向上するためです。これはドーピングの禁止行為には含まれていませんが、IPC（国際パラリンピック委員会）のハンドブックでは明確に禁止されています。

また、自分の血液を冷凍保存し、競技の直前に自分の身体に戻す「血液ドーピング」というものもあります。一時的にヘモグロビンが増えるので、酸素をたくさん取り込めるようになりますが、薬物でなくても静脈注射はすべて禁止されています。

TUEがあっても、ドーピングで引っかかってしまう選手がいます。たとえば筋ジストロフィーという筋肉がどんどん衰えてしまう病気がありますが、この病気は筋肉増強剤を常用しないと病気の進行を早めてしまいます。ところが、筋肉増強剤はドーピングの主犯格の薬物であるため、TUEの申請手続きを行っても認められないのです。したがって、この病気の人は、どんなに才能豊かであってもパラリンピックや他の競技会に出ることが難しいのです。

ドーピング問題にも、まだまだ解決すべき課題がたくさんあるということです。

## 不正をどうやって見分けるか

2000年（平成12年）のシドニーパラリンピックでは、パラリンピック史上に残る大スキャンダルが発生しました。男子バスケットボールの知的障害クラスで金メダルを獲得したスペインチームに、障害者を装った健常者がいたことが発覚したためです。これは「スペイン選手替え玉事件」として長く記録に残されることとなりました。

事件そのものは、スペインの知的障害者クラスのチーム12名中10名が健常者であったことが内部告発で発覚したというもので、スペイン障害者スポーツ連盟の会長が辞任し、当然のことながらメダルは剝奪（はくだつ）となりました。

しかし、事件の余波はそれだけでは収まりませんでした。国際知的障害者スポーツ連盟（INAS－FID）までもが、IPCから資格を剝奪されてしまったためです。1998年（平成10年）の長野冬季パラリンピックにおいて、初めて知的障害者がノルディックスキー距離競技のみに参加を認められ、その後も知的障害者が参加できる競技種目の拡大が期待されていましたが、この事件のためにすべての知的障害者がパラリンピックからいったん排除され、夢を断たれてしまったのです。

知的障害者がパラリンピックから締め出された理由は、知的障害を判定する方法が確立していないことと、各国で知的障害の基準がまちまちなことです。これらがきちんと整備されるまで、知的障害者の参加は難しいというのがＩＰＣの見解でした。

再び知的障害者がパラリンピックに参加するためには、国際知的障害者スポーツ連盟が障害の選手資格の基準を明らかにし、各国の国内パラリンピック委員会と調整を行わなければならないことになりました。その結果、２０１２年（平成24年）のロンドンパラリンピックでは、障害認定の厳格化などの条件を満たしたとＩＰＣから承認を受けた陸上・水泳・卓球だけが再び実施されることとなりました。

パラリンピックもオリンピックと同様に、国威発揚をかけて勝つために手段を問わない人やチームが現れるに至っています。公正な競技運営のためには、たとえ厳しくても不正を防ぐための措置が取られなければなりません。これは、ある意味ではオリンピックよりよほど難しいことといえます。

## 用具の進化と記録の変遷

### 障害者スポーツをめぐる用具の進化

パラリンピックでは、車いすや義足などの障害をカバーする用具にも注目が集まります。障害者スポーツの記録は、もちろん選手の努力や技術の向上もありますが、それら用具の開発によるところも少なくありません。ある時点で選手全体の記録が大きく伸びることがあると、たいていその背景には用具の革新的な進歩があったりするものです。

まずは車いすから見ていきましょう。パラリンピックのさまざまな競技で使用される車いすは、日常の生活で使用されるものとは姿も形も違い、競技の特性に合わせて独自の進化を遂げています。

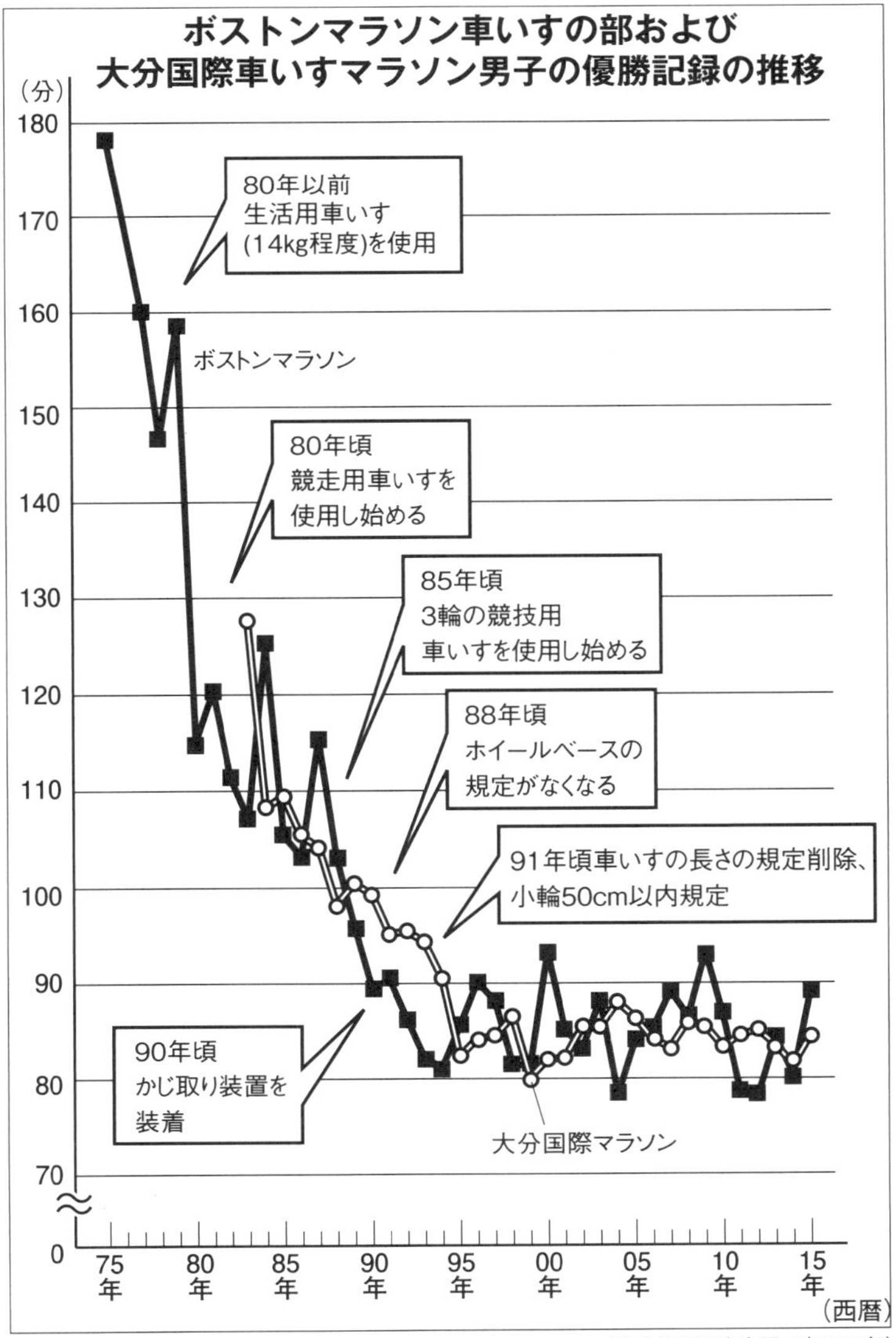
ボストンマラソン車いすの部および
大分国際車いすマラソン男子の優勝記録の推移
(分)
180
170
160
150
140
130
120
110
100
90
80
70
0
80年以前
生活用車いす
(14kg程度)を使用
ボストンマラソン
80年頃
競走用車いすを
使用し始める
85年頃
3輪の競技用
車いすを使用し始める
88年頃
ホイールベースの
規定がなくなる
91年頃車いすの長さの規定削除、
小輪50cm以内規定
90年頃
かじ取り装置を
装着
大分国際マラソン
75年
80年
85年
90年
95年
00年
05年
10年
15年
(西暦)
藤田紀昭研究室調べ（2016年）

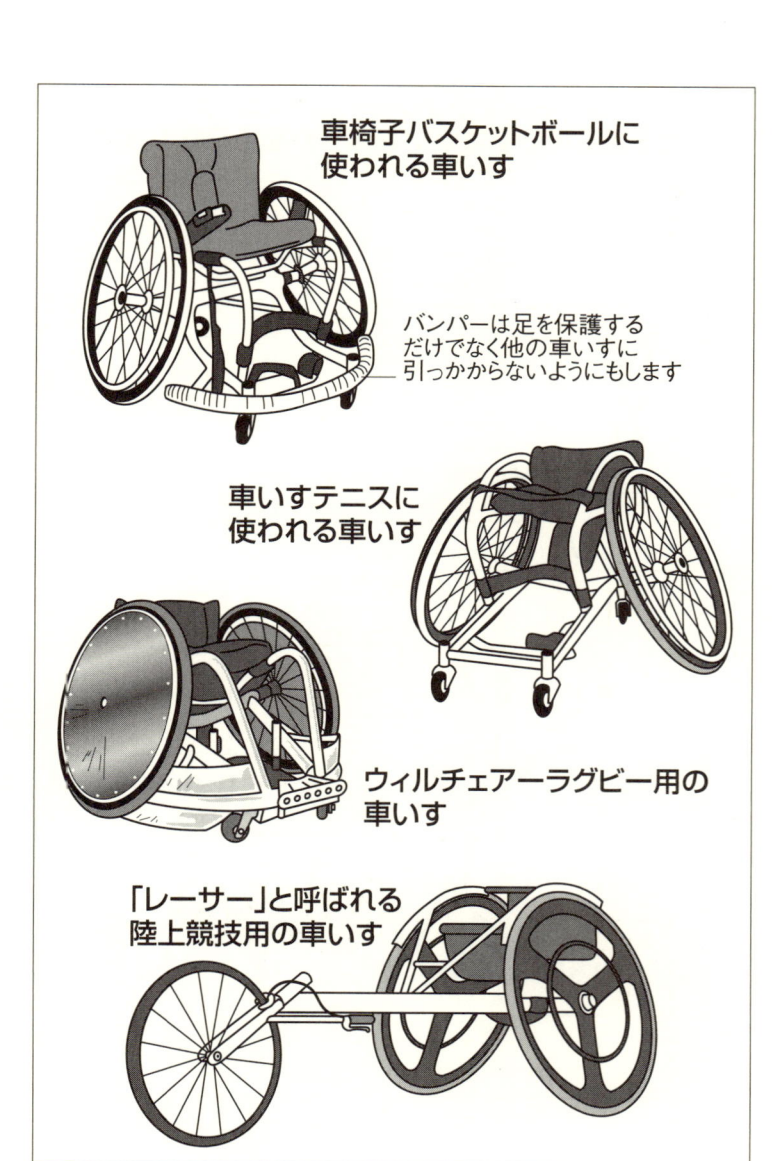

車椅子バスケットボールに
使われる車いす

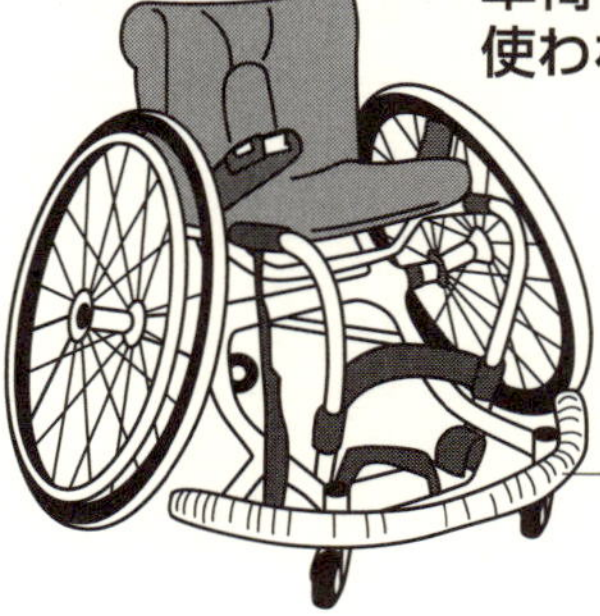
バンパーは足を保護する
だけでなく他の車いすに
引っかからないようにもします

車いすテニスに
使われる車いす

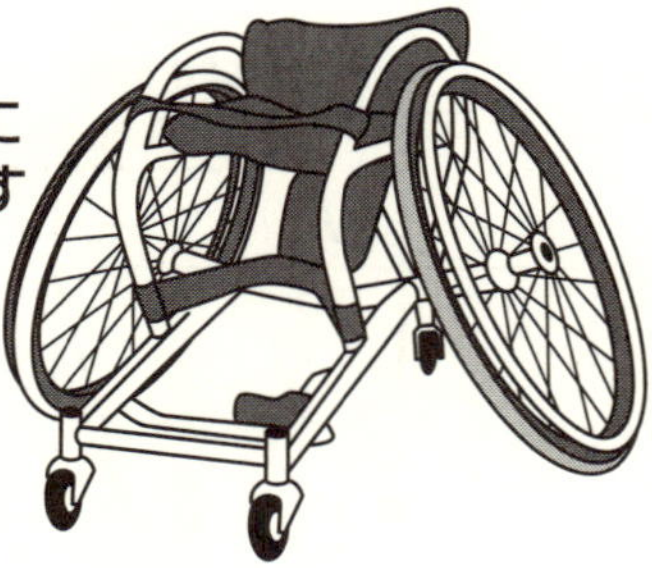

ウィルチェアーラグビー用の
車いす

「レーサー」と呼ばれる
陸上競技用の車いす

「レーサー」と呼ばれる陸上競技用の車いすは、空気抵抗を抑えた低重心・低姿勢で、高速走行ができます。車いすを使用するランナーがマラソンに登場したのは、1975年（昭和50年）のボストンマラソンからで、それ以来、より速く走行できるような改造が重ねられてきました。その結果、現在の「レーサー」は前方に1輪が大きく突き出た3輪の形式が主流です。この形は直進安定性に優れていて、後輪は安定性とこぎやすさを求めて、地面に近い部分が広くなるように配置されています。フレームには軽くて丈夫なアルミ合金やチタン、カーボンファイバーが使われています。

車椅子バスケットボールに使われる車いすは、スピードよりも旋回性能が求められるため、素早いターンができるようにタイヤをハの字に取り付けています。最初は普通の車いすが使用されていましたが、1964年（昭和39年）の東京パラリンピック以降は専用の車いすが開発され、使用されるようになりました。競技では、しばしばプレーヤー同士が衝突したり、転倒したりするため、車いすはそれを考慮した構造・性能になっています。特徴は「バンパー」と呼ばれる衝突時に足を保護するための部品が前方に取り付けられていることと、転倒防止のために後部にキャスターが備えられていることです。フレームは鉄、ステンレス、アルミなどが使われてきましたが、現在は一部にチタンやマグネシウム、カーボンファイバーが用いられたりしています。車輪のスポークは、破損が少なく、万一の破損時にもすぐに張り直せるナイロン製のものが使われるようになりました。その結果、コートにゴムの焦げる匂いが漂うほどの激しいプレーが可能になっています。

車いすテニスに使われる車いすは、スタートダッシュと高速ターンが可能なものです。バスケットボールのように狭いところを通り抜ける必要がないため、車輪の傾斜角がさらに大きくつけられ、転倒を防ぐためのキャスターも後部に備えられています。そのほか、競技の性格を反映して、低いボールを打つときにラケットが車いすにぶつからないような工夫がされています。

ウィルチェアーラグビー用の車いすは、とにかく激しいタックルに耐えられる頑丈なつくりが特徴です。守備では相手の車いすを押さえ込む必要があるので、その機能も持たせてあります。

車いすが通常のものから大きく変化しているように、義手や義足も競技用に独特の形状をしています。一般の義手や義足は人間の腕や足を模して作られますが、パラリンピックで使われるものは、走る、跳ぶ、漕ぐなどの動作を可能にするための形に進化しました。陸上競技用の義足は、板を曲げたような形をしたカーボン製で、強い反発力があります。走るだけでなく、跳ぶこともでき、競技によっては健常者の記録に迫るほどのパフォーマンスを見せています。義手はスタート時の補助や、走行中のバランスを取る役目をします。

自転車競技における義手・義足は、選手と自転車を一体とするための道具です。義足はペダルに固定され、漕ぐ力をロスなく車輪に伝えます。

卓球用の義足は、日常で使用するものに近く、靴を履かせて左右の身体のバランスを調整しています。

冬季パラリンピックで注目される用具といえば、チェアスキーでしょう。この用具は、いわば雪上の車いすです。当初は、リハビリ施設のスタッフが手作りしたものが使われていて、競技用というよりは車いすユーザーがスキーを楽しむための用具でした。その後、長野パラリンピックから競技性を重視したものが開発され、性能が向上

陸上競技用の義足
自転車用の義足
卓球用の義足

していきました。

チェアスキーは、1本のスキー板にショックアブソーバーが組み込まれたフレームを取り付け、そこにシートを備えた構造をしています。選手はシートベルトで身体をしっかりと固定し、ストックではなくアウトリガーと呼ばれる補助具を持って滑走します。

日本製のチェアスキーは国際的な競技会でも優秀な成績を収めており、2014年（平成26年）のソチパラリンピックでは、日本を含む16カ国の選手が使用し、11個のメダルを獲得しています。チェアスキーは、種目によっては時速130キ

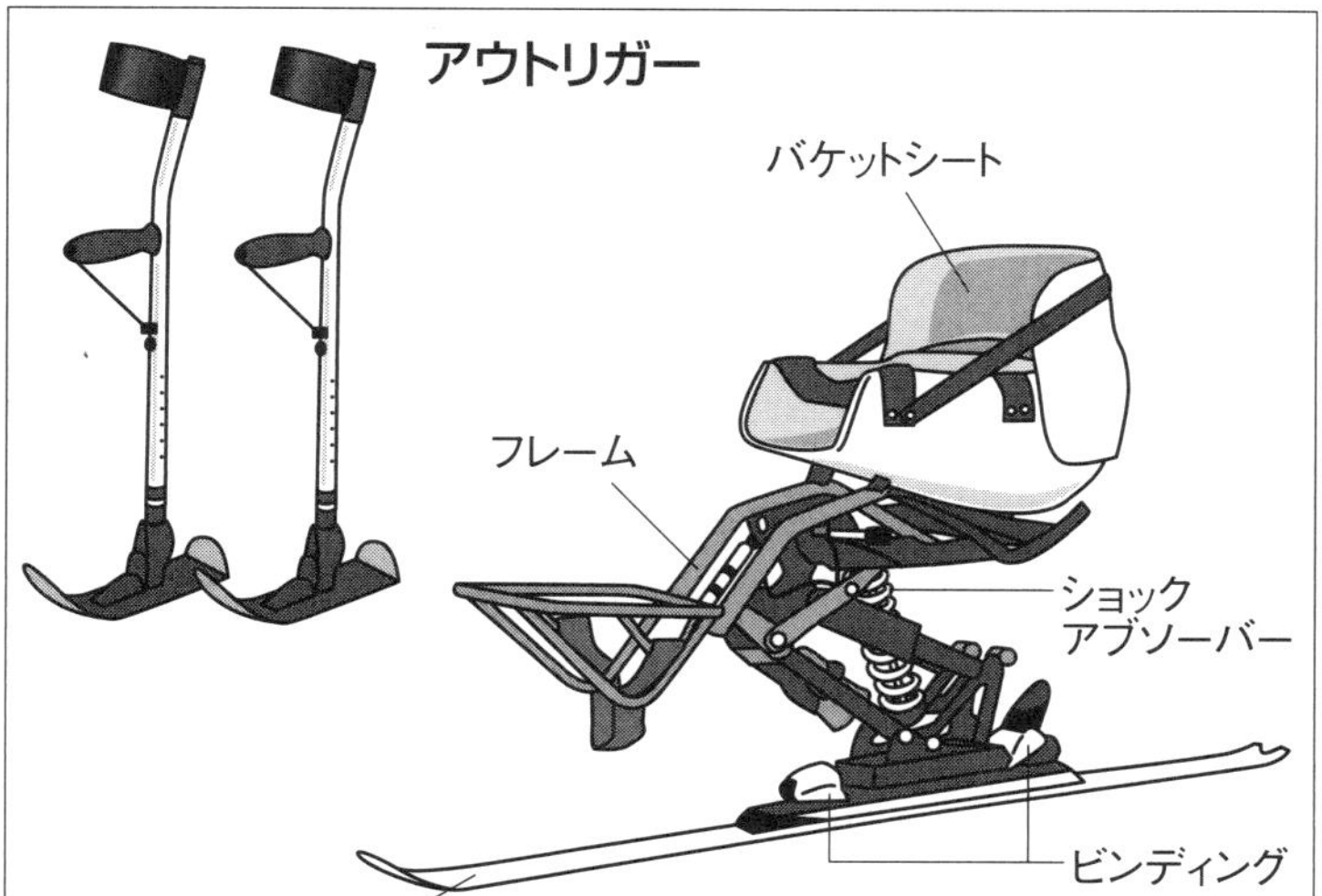

ロにも達するため、近年は風防つきのものも登場しています。

ただし、用具の進歩は厄介な問題も引き起こしています。それは、高性能な用具がいわば「第二のドーピング」であるという議論です。用具の性能はどこまで認められるのか、今後議論されることとなるでしょう。

## 健常者を上回る記録がある?

車いすや義足の技術革新は、パラリンピック競技の記録をオリンピックの記録に近づけています。両足義足の陸上選手であるオスカー・ピストリウス(南アフリカ)は、「ブレード」と呼ばれるカーボン製の義足を使い、「ブレードランナー」の異名で有名です。数年前に恋人を射殺したとして、現在は刑務所にいますが、彼のベスト記録は以下の通りです。

100メートル　10秒91

200メートル　21秒30
400メートル　45秒07

これはオリンピックのトップ記録と比較して、1秒強くらいの遅れしかない記録です。ピストリウス選手は、義足使用の選手がオリンピックに出場する道を開いたパイオニアでもあります。彼が北京オリンピックに出場しようとしたとき、国際陸上競技連盟から「推進力のあるブレードの装着が競技規定に反する」とされ出場を断られました。そこで彼はスポーツ仲裁裁判所に提訴。これを覆す判決を得て、標準記録さえクリアすれば、義足の選手でもオリンピックに出られることが明確になったのです。

一方で、すでにオリンピック記録が抜き去られている競技もあります。それは車いすマラソンです。オリンピックのマラソンの世界記録は、現在2時間の壁に向かってじりじりと向上を続けていますが、車いすマラソンの世界記録はなんと1時間20分14秒です。圧倒的というか、もはや逆転不可能な差がついています。こうなった理由は「レーサー」と呼ばれる専用の車いすの性能向上にあります。下り坂で時速50キロ以上もの速度が出せるレーサーに対して、人間は短距離でも時速36キロ程度しか出せませんから、かなうはずがありません。もしもマラソン競技で健常者と車いすの選手が一緒に走ったら、上位はすべて車いすの選手になってしまうでしょう。それどころか、車いすに轢(ひ)かれないように心配しながら走る必要があるかもしれません。

こういう展開になると、「用具を使った人と使わない人の記録を同列に比較するのはおかしい」という議論が必ず出てきます。しかし、健常者の世界を見てみても、トップスポーツ選手が優れた靴を求めるなど、優秀な道具の獲得に力を注いでいるのは有名な話です。ならば、靴ならよくて義足はダメという理屈は成り立つのでしょうか。

そして、用具に頼らずに健常者以上の記録を出している競技もあります。それはパワーリフティングです。残念ながらオリンピックに同等の競技がないためにパラリンピックとオリンピックでの比較はできませんが、ベンチプレスで無差別級に相当するスーパーヘビー級の世界記録を比較すると、障害者は296キロ、健常者は270・5キロです。

なぜ障害者のほうが良い記録を出せるかといえば、パワーリフティングのベンチプレスが上半身の力だけで勝負する競技だからです。ではなぜ障害者の上半身は健常者よりも力強いのか。それについて明確な答えはまだ出ていません。

また、２０１２年（平成24年）のロンドンパラリンピックにおける陸上男子走り幅跳びの優勝者で「ブレード・ジャンパー」の異名を持つマルクス・レーム（ドイツ）は障害者の世界選手権で8メートル40の世界記録をマークしました。これはロンドンオリンピックで金メダルを取ったグレッグ・ラザフォード（英国）の8メートル31を上回っています。彼は「参考記録でもいい」とオリンピック出場を願っていましたが、リオデジャネイロオリンピックへの出場は断念しました。

## パラリンピックの精神とは？

オリンピックのシンボルマークである五輪を見たことがない人はいないでしょう。しかし、パラリンピックのシンボルマークはどうでしょうか。ほとんどの人が思い出せないかもしれません。

パラリンピックのシンボルマーク「スリー・アギトス」

パラリンピックのシンボルマークは、「スリー・アギトス」と呼ばれています。アギトスとは、ラテン語で「私は動く」という意味です。青・赤・緑の3色は、世界の国旗で最も多く使用されている色ということで選ばれました。中心を取り囲むように位置する3色の曲線は「動き」を象徴したもので、「世界中から選手を集わせる」というパラリンピック・ムーブメントの役割を強調したものとなっています。

同時に、パラリンピアンの強靱（きょうじん）な意思を表したパラリンピックモットーの「スピリット・イン・モーション」や、パラリンピック選手が常に世界をインスパイアし、感動させていること、常に前進しあきらめないことも表現しています。

オリンピックとパラリンピックには、それぞれムーブメントと呼ばれる明確な目的が定められています。オリンピック・ムーブメントは、「いかなる差別をも伴うことなく、友情、連帯、フェアプレーの精神をもって相互に理解しあうオリンピック精神に基づいて行なわれるスポーツを通して青少年を教育することにより、平和でよりよい世界をつくることに貢献することにある」というものです。

パラリンピック・ムーブメントには四つのコアバリュー（基本的な価値）があり、それはカレッジ（勇気）、デタミネーション（決断力）、インスピレーション（鼓舞）、イコーリティ（平等）です。それらの価値を大事にして、世界に刺激を与え、興奮させ、スポーツを通じて障害のある人がより良く生きることのできる共生社会を実現することが、パラリンピックの究極の目標です。

## 国際政治とパラリンピック

### パラリンピックの「南北問題」

南北問題というのは、比較的北半球に集まっている先進国と、南半球に多い途上国の経済格差や国力の差に起因する人々の生活の質の違いをいうことが多いのですが、パラリンピックにも南北問題があります。むしろ、オリンピックより大きいかもしれません。

パラリンピックは、途上国にとってとても遠い大会です。まず出場してくる途上国が少ないことが問題です。その原因は、障害者スポーツの環境がなかなか整備できないこと、その前にやることが多すぎるからです。高い航空運賃を支払って海外の試合に出る前に、病院や学校を建てなければなりません。そのために、途上国からの出場

## ロンドンパラリンピックにおける各国のメダル獲得数（上位1位から25位）

| 順位 | 国・地域 | 金 | 銀 | 銅 | 計 |
|---|---|---|---|---|---|
| 1 | 中国 | 95 | 71 | 65 | 231 |
| 2 | ロシア | 36 | 38 | 28 | 102 |
| 3 | イギリス | 34 | 43 | 43 | 120 |
| 4 | ウクライナ | 32 | 24 | 28 | 84 |
| 5 | オーストラリア | 32 | 23 | 30 | 85 |
| 6 | アメリカ合衆国 | 31 | 29 | 38 | 98 |
| 7 | ブラジル | 21 | 14 | 8 | 43 |
| 8 | ドイツ | 18 | 26 | 22 | 66 |
| 9 | ポーランド | 14 | 13 | 9 | 36 |
| 10 | オランダ | 10 | 10 | 19 | 39 |
| 11 | イラン | 10 | 7 | 7 | 24 |
| 12 | 韓国 | 9 | 9 | 9 | 27 |
| 13 | イタリア | 9 | 8 | 11 | 28 |
| 14 | チュニジア | 9 | 5 | 5 | 19 |
| 15 | キューバ | 9 | 5 | 3 | 17 |
| 16 | フランス | 8 | 19 | 18 | 45 |
| 17 | スペイン | 8 | 18 | 16 | 42 |
| 18 | 南アフリカ共和国 | 8 | 12 | 9 | 29 |
| 19 | アイルランド | 8 | 3 | 5 | 16 |
| 20 | カナダ | 7 | 15 | 9 | 31 |
| 21 | ニュージーランド | 6 | 7 | 4 | 17 |
| 22 | ナイジェリア | 6 | 5 | 2 | 13 |
| 23 | メキシコ | 6 | 4 | 11 | 21 |
| 24 | 日本 | 5 | 5 | 6 | 16 |
| 25 | ベラルーシ | 5 | 2 | 3 | 10 |

藤田紀昭研究室調べ（2016年）

## ロンドンパラリンピックにおける
## 各国のメダル獲得数（上位26位から50位）

| 順位 | 国・地域 | 金 | 銀 | 銅 | 計 |
|---|---|---|---|---|---|
| 26 | アルジェリア | 4 | 6 | 9 | 19 |
| 27 | アゼルバイジャン | 4 | 5 | 3 | 12 |
| 28 | エジプト | 4 | 4 | 7 | 15 |
| 29 | スウェーデン | 4 | 4 | 4 | 12 |
| 30 | オーストリア | 4 | 3 | 6 | 13 |
| 31 | タイ | 4 | 2 | 2 | 8 |
| 32 | フィンランド | 4 | 1 | 1 | 6 |
| 33 | スイス | 3 | 6 | 4 | 13 |
| 34 | 香港 | 3 | 3 | 6 | 12 |
| 35 | ノルウェー | 3 | 2 | 3 | 8 |
| 36 | ベルギー | 3 | 1 | 3 | 7 |
| 37 | モロッコ | 3 | 0 | 3 | 6 |
| 38 | ハンガリー | 2 | 6 | 6 | 14 |
| 39 | セルビア | 2 | 3 | 0 | 5 |
| 40 | ケニア | 2 | 2 | 2 | 6 |
| 41 | スロバキア | 2 | 1 | 3 | 6 |
| 42 | チェコ | 1 | 6 | 4 | 11 |
| 43 | トルコ | 1 | 5 | 4 | 10 |
| 44 | ギリシャ | 1 | 3 | 8 | 12 |
| 45 | イスラエル | 1 | 2 | 5 | 8 |
| 46 | アラブ首長国連邦 | 1 | 1 | 1 | 3 |
| 47 | ラトビア | 1 | 1 | 0 | 2 |
| 48 | ナミビア | 1 | 1 | 0 | 2 |
| 49 | ルーマニア | 1 | 1 | 0 | 2 |
| 50 | デンマーク | 1 | 0 | 4 | 5 |

藤田紀昭研究室調べ（2016年）

者は、出たとしても個人種目で1人か2人というケースがほとんどです。

ロンドンパラリンピックのメダル占有率を見ると、中国、ロシア、イギリス、ウクライナ、オーストラリアの上位5カ国（参加国のわずか3％）で、全体の45％の金メダルを獲得しています。

オリンピックでもそうですが、スポーツの国際大会におけるメダル獲得は、GDPと人口と国土の広さでほぼ予想できるといわれています。途上国は人口と国土では引けを取らなくても、経済力で劣るため、スポーツの国際舞台での活躍が少ないのです。

ただし、潜在的な可能性は途上国のほうが大きいかもしれません。それは、国民の中に「潜在的な選手」、すなわち身体の不自由な人がたくさんいるからです。紛争地帯を抱えている国には、地雷で身体の一部を失った人がたくさんいます。戦争で大きなケガをした人も少なくないでしょう。また、インフラ整備が未発達なため、交通事故や労働災害によるケガも多発しています。

もしも日本のような国が、自分たちの持つ知識と経験を、人・モノ・金の形で途上国に援助したらどうなるでしょうか。世界最先端の車いすや義足を与えられた障害者が、短期間でアスリートとなって、パラリンピックの舞台に登場してくるかもしれません。

## 日本はパラリンピック弱小国?

日本のメダル獲得数は、ひところは世界で10番目くらいでしたが、それ以降は下降気味でロンドンでは24位です。先進国としては少ない数です。

そうなってしまったのは、ほかの国が障害者スポーツに対する強化に取り組んでいる時期、日本は厚生労働省管轄であったため、本格的なスポーツとしての強化予算がつかなかったことが原因の一つです。

人々の最低限度の生活を保障して社会参加を促すことを主たる目的とする厚生労働省では、スポーツの強化に回す予算について、その大義がなかったというのが、実際のところでしょう。

それが大きく変わったのは、2011年(平成23年)にスポーツ基本法ができてからです。その第2条には「スポーツは、障害者が自主的かつ積極的にスポーツを行うことができるよう、障害の種類及び程度に応じ必要な配慮をしつつ推進されなければならない。」という一文が入って、いろいろなことが動き始めました。

とくに文部科学省が、障害者スポーツに予算をつけるようになってからは、流れが大きく変わりました。

翌年、スポーツ基本計画が出されて以降、本格的に予算がつき、文科省の事業としてスタートします。

先にも述べたとおり、その後、パラリンピック招致が決定したり、スポーツ庁ができるなどして、日本の障害者スポーツを取り巻く環境は、大きく変わりました。

とはいうものの、２０２０年の東京パラリンピックで、日本の圧倒的なメダルラッシュが実現する可能性は、残念ながら、低いように思います。

日本は世界でも稀（まれ）な平和な国ですが、そのため戦争による負傷者はいません。交通事故も年々減っていて、労働災害も減少中。つまり、障害者スポーツの選手になるような人が少なくなっているのです。それ自体は素晴らしいことですが、競技に出る人が少なくなれば、メダル獲得数が減ってしまうこともまた、やむを得ないでしょう。

仮に、日本が世界トップクラスのメダル獲得数を実現できなかったとしても、別の形で日本は世界に貢献すべきなのではないでしょうか。パラリンピック・ムーブメントとは、すべての人に出場機会を与えることです。今はなかなかパラリンピックに選手を送り込めない途上国の人に対して、日本が指導者を養成したり、選手を日本に呼んで強化したり、あるいは道具を融通するなどして援助することができるでしょう。

さらに、平和な国・日本における、選手の発掘・養成・強化システム、いわば「ジャパンモデル」を開発し、障害者のスポーツが十分に発展していない国々の手本となれば、たとえ金メダルの数が少なくなっても、パラリンピックの世界で日本の名が燦然と輝くはずです。

# 第5章　２０２０年東京パラリンピックとその後

## これまでの流れと将来展望

### 2020年大会で期待されること

日本の障害者スポーツは、パラリンピック開催を経るごとに大きく変わってきました。最初は1964年（昭和39年）の東京パラリンピックで、ここを契機として障害者スポーツの種が植えられ、それがだんだん育っていきました。それまでは厚生省（当時）が管轄をしていたリハビリの延長としてのスポーツだったのが、1998年（平成10年）の長野パラリンピックでは、まず選手たちの意識が変わりました。「自分たちはリハビリとしてやっているのではなく、スポーツとしてやっている」という意識を持つようになったのです。それと歩調を合わせて、それまで障害者スポーツに関する報道がほとんどなかったのが、報道されるようになりました。しかも長野以降は、それまで社会面の記事として載ることが多かったのが、スポーツ面で扱われるようになりました。長野が一つのエポックだったということです。そして今度また東京でパラリンピックが開かれます。今度はどんな大変化が訪れるでしょうか。いくつか予想してみましょう。

一つは、障害者のスポーツと健常者のスポーツがそれまでは別々のものとして扱われてきたのが、今度の大会では「オールジャパンの中のオリンピックとパラリンピック」というとらえ方になることです。競技そのものはいろいろな理由で別に行うとしても、その精神や目標は共有できるはずですから、オリンピックとパラリンピックは一つのものとしてとらえられるようになることが期待できます。

二つめは、障害者スポーツに対する一般企業の支援が急増することです。これまでは特別な企業ができる範囲で支援してくれていたのがほとんどで、多くの一般企業は「障害のある人を見せ物にしていいのか」といった意識で腰が引けているところがありました。その結果、障害者スポーツは特別な人がやっていることで、レベルも低いし関心も持たれていないという状態が続いてきたのです。

ところが東京パラリンピック開催が決まってから、日本障害者スポーツ協会（現・日本障がい者スポーツ協会）のオフィシャルパートナーの数がずっと一桁で推移していたのが、あっという間に20を超えました。これからもどんどん増えていくでしょう。選手や一般人に続いて、企業も障害者スポーツに高い関心を持つようになり、バックアップをしてくれるようになったのです。

また、国や地方自治体でも、このところ、障害者スポーツの振興に力を入れるようになってきました。たとえば、東京都では、障害者スポーツの振興を図るため、障害者スポーツ普及啓発映像「Ｂｅ Ｔｈｅ ＨＥＲＯ」を作成し、東京都のホームページ内で公開しています。これは、著名な漫画家が描くマンガと、障害者スポーツ選手によるコラボ映像であり、躍動感あふれるその映像は、見る者に対して障害者スポーツの魅力をよく伝える、たいへん素晴らしい仕上がりになっています。国や地方自治体による、こうした障害者スポーツ振興に対する前向きな取り組みは、大いに評価できます。

これまでは、「パラリンピックという名前は知っているけれども、中身はほとんど

## TOKYO生まれのヒーローになろう

# Be The HERO

以下の QR コードにスマートフォンなどをかざすことで、
映像をご覧いただけます。

ページ構成：東京都ポータルサイト「スポーツTokyoインフォメーション」（http://www.sports-tokyo.info/be_the_hero/）をもとに編集部構成

知らない」という人がほとんどでした。それが今は、みなさんが興味を持ち始めてきています。パラリンピックの詳しい内容について少しずつ理解が進むでしょう。

リオデジャネイロパラリンピックが終わり、東京パラリンピックが近づくと、おそらくテレビや新聞・雑誌のコマーシャルに出場選手がたくさん出てくるでしょう。競技の映像も目にする機会が増えるでしょう。もうすでに、そうなりつつあります。

ただし、どんなことにもマイナス面はあります。障害者スポーツがメジャーになるにつれて、いろいろな部分に光が当たることになります。それにつれて、選手や関係者を見る目も厳しくなります。選手の強化や大会派遣に多くの税金が使われるわけですから、それも当然のことです。仮に選手が不祥事を起こすようなことになれば、世間からは、容赦（ようしゃ）ない非難が浴びせられることになるでしょう。競技団体の関係者は、こうしたことがないように、日ごろから選手を指導するとともに、組織としてのコンプライアンスを高めていく必要があります。

## 今から解決すべき2021年問題

パラリンピック関係者の中で今から問題視され、心配されているのが、東京パラリンピック以降に予想されるさまざまな課題で、「2021年問題」と呼ばれています。障害者スポーツ関連の国の予算は2014年が約17億円、2015年約26億円、2016年は約35億円と、ここ数年で倍増しています。

このうち、2016年の選手強化関連の予算は約28億6000万円です。こうした傾向は2020年までは続くことが予想されますが、問題は2021年以降です。東京パラリンピックが終わってしまえば、これらの予算は大幅に減額されると予想されます。2020年までは選手の強化等は潤沢な予算に裏づけされて順調に進むにしても、その後、予算が少なくなったときにどうするかが、大きな課題なのです。

パラリンピック関連競技団体をサポートするために創設された日本財団パラリンピックサポートセンターが今のような形態で事業を行うのは、2021年までとされています。つまり、2021年以降の障害者スポーツの普及・選手発掘・選手強化に関しては、暗雲が立ち込めているというのが現状なのです。

ロンドンオリンピック・パラリンピック終了後のイギリスでは、スポーツ人口が減少しているという報告があります。ほかにも、障害者の就職率やスポーツ環境はなんら改善されず、ロンドンでのパラリンピックの開催は、スポーツのできる障害者とできない障害者の二極化をもたらし、その格差を拡大したとする報告もあります。

今の日本の様子を見ているとイギリスと同じような状況が起こるのではないかと心配されます。現在は全国各地で多くの予算を使い選手を発掘するイベントを開き、その中から有望な人が選ばれます。こうして選ばれた選手は、各競技団体が組む合宿や海外遠征に参加して、メダルを目指すというわけです。

また、競技団体が国からの強化費を得るための面倒な申請手続きや報告書作成、海外大会遠征のためのエントリー業務や関係団体とのやり取りは、パラリンピックサポートセンターの手厚い支援のもとに行っています。しかし、東京パラリンピックが終了し、予算が削られ、パラリンピックサポートセンターが閉じられたとしたら……。

今からそのことを見越して準備しておかなければ、パラリンピック開催を契機に障害者のスポーツが停滞してしまうことになりかねません。

## ２０２０年東京パラリンピックのレガシー

パラリンピックのレガシー、つまりパラリンピックが私たちの社会や心に残してくれるものには、バリアフリー化された街や競技場をはじめとした建物など目に見えるものもあれば、人々の意識や社会制度など目に見えないものもあります。最近のオリンピック・パラリンピックにおいては、「レガシーとして何を残すのか」という観点も重要とされ、招致活動のときから、レガシープランとして注目されるようになりました。

東京都は、世界で初めて2回目の夏季パラリンピックを開催、障害のある人もない人も互いに尊重し、支えあう共生社会を実現するなど、大会で確かなレガシーを残すことを目指しています。そのために、障害者が使いやすいスポーツ施設の建設や街づくりを進めようとしています。また、パラリンピック競技に関する情報をたくさん提供しながら、学校や地域でパラリンピック競技を体験する機会を作っていく予定です。

障害者スポーツをテレビやインターネット・新聞などのメディアを通して見たことがある人とない人を比較すると、見たことがある人のほうが、明らかに障害者や障害者スポーツに対してポジティブな意識を持っているという調査結果があります。パラリンピックが始まるまでの期間、さらには、パラリンピック開催期間を通して、多くのパラリンピック競技やパラリンピック選手たちを目にすることで、障害者や障害者スポーツに対する意識が向上することも期待されます。これらは、目に見えない意識面でのパラリンピックのレガシーといえるでしょう。

さて、「2021年問題」にはどのように対処するべきでしょうか？

選手発掘に関していえば、発掘のための大々的なイベントに頼らなくてもよい仕組みを作っておくことが必要です。たとえば特別支援学校の生徒や一般の学校に通っている障害のある生徒で有望な選手がいれば、そのことが、自動的にパラリンピック関連の競技団体に伝わるような仕組みです。あるいは、中途で障害を負った人がリハビリテーションを継続する中で、自分にできるスポーツの種類や、それを教えてくれる人・場所に関するさまざまな情報などが得られるような仕組みです。

こうした仕組みを作り、うまく動かしていくための方法の一つは、学校の教員、とりわけ体育の教員が障害者スポーツに関する知識を持ち、障害のある生徒に対して有益な情報を提供するとともに、パラリンピック競技団体とも緊密な連絡を取り合えるようにすることです。

そのための一番効率的な方法は、体育教員養成カリキュラムに障害者スポーツに関する授業を必修科目として入れることです。現在、体育教師になるためには、障害者スポーツに関連する授業を必ずしも履修する必要はなく、多くの大学では、選択科目とされています。予算的に厳しい状況にある地方の国立大学では、選択科目としてさえも、障害者スポーツに関連する授業がないところが多いのが現状ですが、こうした状況を変えていく努力が必要でしょう。

体育教員養成カリキュラムにおいて障害者スポーツに関する授業が必修科目となれば、単にパラリンピック選手の発掘に資するというだけにとどまらず、たとえば、障害のある子供をどのように指導してよいか困っている体育教員に対して、有益な処方箋を示すことになるかもしれません。また、体育の授業中、障害があるために見学を余儀なくされて十分に身体を動かすことができないような障害のある子供にとっても、朗報となるでしょう。

学校の教員同様に障害者スポーツに関する知識や情報を持っていてほしい人は、理学療法士や作業療法士、そして医師や看護師です。先天的に障害がある人や学校段階で障害を負った人は学校の先生に頼ればいいのですが、学校卒業後に中途で障害を負った人はそうはいきません。中途で障害を負った人は、怪我や病気の治療、そして、リハビリテーションの期間を経て社会復帰していきます。この段階のどこかで障害者スポーツに関する知識や情報を得ることが、その後のスポーツ活動に結びつくことになるのです。

以前であれば、リハビリテーションの期間をもう少し長く取り、その期間の後半にスポーツを体験することができました。また、リハビリテーション終了後は、その体験から得られた情報を手がかりにして、スポーツを続けていくことが可能でした。とところが、今日では、医療費の抑制のために、リハビリ期間が長くても半年くらいに抑制されています。そのため、何とか日常生活を送れるようになった段階でリハビリテーションが終わってしまい、スポーツに関する情報を得られないまま、社会復帰していくことが多いのです。そこで、医療関係者、とりわけリハビリテーションの最後の段階で障害のある人と直接関わることが多い理学療法士や作業療法士が、障害のある人がその後もスポーツを実践していくことができるよう、案内役になることが求められているのです。

また、競技団体の支援に関していえば、現在のパラリンピックサポートセンターが何らかの形で存続する道を探ることが必要でしょう。現状のまま存続するのが一番です。しかし、それが難しいのであれば、２０２１年以降は、各競技団体がやるべき仕事と引き続きパラリンピックサポートセンターが行う仕事を仕分けしたうえで、事業規模を縮小して、競技団体支援を継続する。その資金はこのところ障害者スポーツに関心を高めてきた企業からの寄付をファンド化して当てる。あるいは、国の助成対象とすることなどが考えられます。それまでに各競技団体は自立して事業を展開できるように体力をつけておくことが必要です。

ここで提案したような選手の発掘や強化の仕組み、競技団体の支援の仕組みなどは、制度面におけるパラリンピックのレガシーといえます。

パラリンピックでメダルをたくさん取るに越したことはありませんが、たとえそれが果たせなかったとしても、こうした意識面や制度面でのレガシーを残すことで、障害者スポーツの普及・振興が持続可能となり、日本は諸外国から、「障害者スポーツの先進国」と呼ばれるようになるに違いありません。

# あとがき

ロンドンパラリンピックの統括ディレクターだったクリス・ホームズ卿によれば、大会前の調査ではパラリンピックのチケットを買いたいという人はほとんどいなかったそうです。ホームズ卿らはこの現実から目をそむけることなく、「会場を観客でいっぱいにする」というビジョンを実現させるためのさまざまな方策を打ち出し、有料入場者数270万人という史上まれに見る大成功を収めることができたそうです。

東京はどうでしょうか？　選手強化に関しては予算が増え、選手発掘やマルチサポートなど4年後を見すえた施策がとられています。しかし、大会会場を観客でいっぱいにするための方策はまだまだこれからではないでしょうか。

2016年6月26日、名古屋市で開催された第100回日本陸上競技選手権大会で初めて、車いすの1500メートルと義足、義手の選手の100メートルのレースが行われました。2万人近い観客の多くは、こうした障害者によるレースを実際に見るのは初めてだったのではないでしょうか。レース前は好奇の目で見ていた人たちも、車いすのスピードの速さや、障害のない人と変わらぬ義足の選手の走りを見ることで、好奇の目は感動のまなざしに変わり、大きな拍手となりました。「車いすハヤッ」とか「意外とおもしろいね」という声が私の周りでも聞こえてきました。２０２０年の東京パラリンピックに向けてこうした機会はさらに増えるでしょう。

障害者スポーツのおもしろさや奥深さが伝わることで、多くの人がパラリンピックに関心を持ち、２０２０年の東京パラリンピックの会場がいっぱいになればいいと思います。そして、パラリンピック選手を「障害者の代表選手」ではなく、オリンピック選手と同じく「私たちの代表選手」と思うようになればすばらしいと思います。心のバリアフリー、共生社会の実現といえるでしょう。そんなことを夢見てこの本を書きました。読者にパラリンピックの魅力や楽しみ方が伝わることを祈っています。

最後になりましたが、日本障がい者スポーツ協会の井田朋宏さん、エックスワンの名古桂士さん、太陽の家の関係者の皆さん、大阪市長居障がい者スポーツセンターの関係者のみなさん、東京都オリンピック・パラリンピック準備局の関係者のみなさんに、心より感謝いたします。ありがとうございました。

藤田紀昭

**藤田紀昭**
（ふじたもとあき）
1962年生まれ。筑波大学大学院修了。同志社大学スポーツ健康科学部教授を経て、2016年４月より日本福祉大学教授。文部科学省主催「オリンピック・パラリンピック教育に関する有識者会議」委員。著書に「障害者スポーツの環境と可能性」（創文企画）などがある。小学館の百科事典「日本大百科全書（ニッポニカ）」に障害者スポーツに関連する項目を執筆中。

〈写真提供（数字は掲載ページ）〉
社会福祉法人太陽の家　9，11，15，17，22，24，28，36，131
大阪市長居障がい者スポーツセンター　40
有限会社エックスワン　46，48，64，66，74，77，82，84，86，89，91，93，97，99，102，105，109，114，116，119，122，124

〈図版作成〉タナカデザイン

装丁　川口岳仁／島袋伊代（office ZASSO）

編集協力　山崎修（悠々社）

校正　櫻井健司（コトノハ）

パラリンピックの楽しみ方
2016年8月6日　初版第1刷発行

著　者　藤田紀昭
発行者　金川　浩
発行所　株式会社小学館
〒101-8001　東京都千代田区一ツ橋2-3-1
編集 03-3230-5637
販売 03-5281-3555
DTP　株式会社昭和ブライト
印刷所　萩原印刷株式会社
製本所　株式会社若林製本工場

 ISBN978-4-09-388491-4

販売　奥村浩一
宣伝　阿部慶輔
制作　酒井かをり
斉藤陽子
後藤直之
編集　掛川竜太郎